御牧ケ原修練農場で訓練を受ける大陸の花嫁
（『新満州』第 3 巻第 4 号、1939 年 4 月）

義勇軍
（『拓け満蒙』第 2 巻第 10 号、1938 年 10 月）

義勇軍募集のポスター
（『拓け満蒙』第 2 巻第 3 号、1938 年 3 月）

義勇軍の保姆
（『拓け満蒙』第 3 巻第 2 号、1939 年 2 月）

Shinmai Sensho 信毎選書

# 満蒙開拓青少年義勇軍物語

「鍬の戦士」の素顔

伊藤純郎

Ito Junro

# 目次

# 凡例

・年号は、引用文中を除き、原則として西暦に統一し、適宜元号も示した。
・満洲／拓殖／殖民の表記は、固有名詞・書名・引用文を含め、すべて満州／拓植／植民と表記した。
・満蒙開拓青少年義勇軍の表記は、青少年義勇軍、義勇軍とも表記した。
・新聞・雑誌・史料など引用に際しては、読みやすさを考慮し、旧漢字を常用漢字に改め、適宜句読点を付した。脱字については［　］で補足した。
・満州国の省・県名は記述時期のものを採用した。地名の振り仮名は通例に従い、原音（カタカナ）と日本語読み（平仮名）のいずれかを執った。
・満州移民／開拓政策に関しては、「満州開拓政策基本要綱」制定時期（一九三九年一二月）に応じて、移民／開拓民、移民団／開拓団、移民地・移住地／開拓地を使用した。
・満鮮／鮮人／匪賊《ひぞく》など、今日では不適切である語句・表現も、時代背景に鑑み、そのまま使用した場合がある。

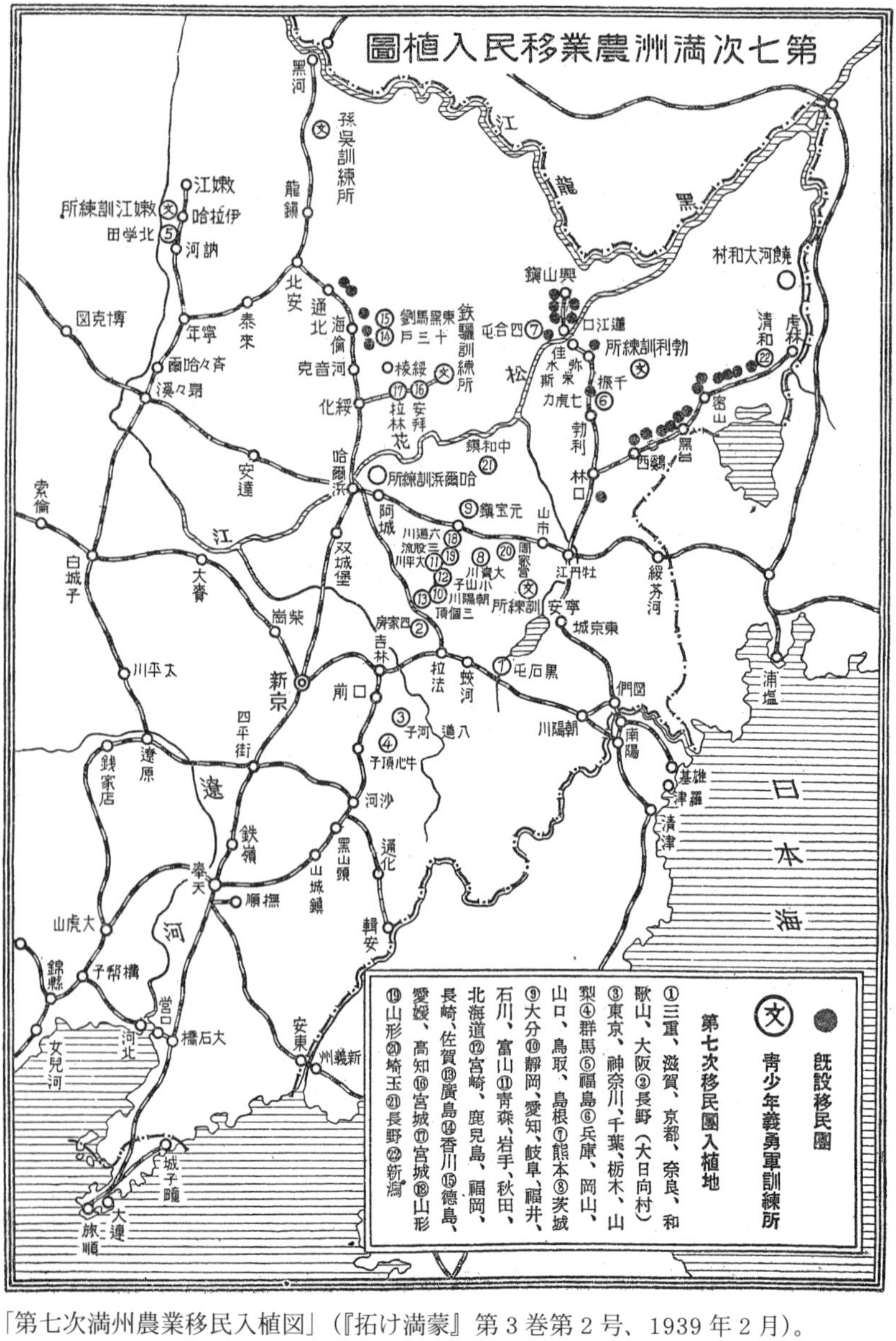


「第七次満州農業移民入植図」（『拓け満蒙』第３巻第２号、1939 年２月）。

㊫青少年義勇軍訓練所は、勃利・鉄驪・孫呉・嫩江・寧安の各訓練所。◯哈爾浜訓練所は、特別訓練所。

②長野「大日向村」は、吉林省舒蘭県四家房に入植した満州大日向村。

# 満蒙開拓青少年義勇軍送出番付が語ること——プロローグ

## 満蒙開拓青少年義勇軍府県別送出番付

図1は、信濃海外協会が一九四二（昭和一七）年八月に発行した機関誌『海の外』第二四四号の表紙裏に掲載された「満蒙開拓青少年義勇軍府県別送出番付」である。

信濃海外協会は、長野県人の拓植発展を図ることを目的に、一九二二（大正一一）年一月二九日に創立された団体である。会長（当初は総裁）には長野県知事が就き、各郡市に支部を置いて、海外発展思想の普及、移住者の斡旋《あっせん》保護や残留家族の援護などの事業を行うとともに、機関誌『海の外』を毎月発行していた。

満蒙開拓青少年義勇軍制度とは、国内の農村救済と満州国の治安維持という目的のもと国内から満州（中国東北部）に人びとを入植させる満州移民政策の一つで、一九三七年一一月三〇日、近衛文麿内閣の閣議決定により始まった国策である。一六歳から一九歳までの身体強健かつ意志強固な青少年を全国から道府県単位で集め、茨城県東茨城郡下中妻《しもなかつま》村内原（現水戸市）に開設された満蒙開拓青少年義勇軍訓練所（内原訓練所）で約二・三カ月、満州の現地訓練所（満州開拓青年義勇隊訓練所）で約三年間の訓練を行い、その後、義勇隊開拓団として現地に永住する農業者を養成する制度である。満州では青年義勇隊という名称が使用されたが、徴兵検査前の青少年を満州に入植させ、現地で徴兵検査を実施

## 滿蒙開拓青少年義勇軍府縣別送出番附

（昭和十七年四月一日現在）

| 蒙御免 | |
|---|---|
| 取締役 | 拓務省 開拓總局 長野縣 |
| 勸進元 | 滿蒙開拓青少年義勇軍本部 |
| 年寄 | 滿洲移住協會 滿洲拓植公社 南滿洲鐵道株式會社 |

**東**

| 番付 | 府縣 | 人数 |
|---|---|---|
| 横綱 | 長野 | 四、七六八 |
| 大關 | 山形 | 二、九二七 |
| 關脇 | 福島 | 二、三〇六 |
| 小結 | 靜岡 | 二、二四七 |
| 前頭 | 新潟 | 二、一二七 |
| 同 | 栃木 | 二、〇四三 |
| 同 | 石川 | 二、〇〇九 |
| 同 | 岐阜 | 一、八八二 |
| 前頭 | 茨城 | 一、五八四 |
| 同 | 宮城 | 一、五〇六 |
| 同 | 埼玉 | 一、四六六 |
| 同 | 岩手 | 一、四二九 |
| 同 | 群馬 | 一、三九四 |
| 同 | 山梨 | 一、二八六 |
| 同 | 東京 | 一、二六三 |
| 同 | 福井 | 一、二五九 |
| 前頭 | 愛知 | 一、二一二 |
| 同 | 青森 | 一、一二五 |
| 同 | 富山 | 一、一三四 |
| 同 | 北海道 | 九八〇 |
| 同 | 秋田 | 九七二 |
| 同 | 千葉 | 六〇〇 |
| 同 | 神奈川 | 二八三 |
| 同 | 朝鮮 | 二〇六 |

**西**

| 番付 | 府縣 | 人数 |
|---|---|---|
| 横綱 | 廣島 | 三、一六三 |
| 大關 | 熊本 | 二、一六三 |
| 關脇 | 山口 | 一、八三八 |
| 小結 | 香川 | 一、七四六 |
| 前頭 | 鳥取 | 一、六六四 |
| 同 | 鹿兒島 | 一、五五〇 |
| 同 | 愛媛 | 一、五四六 |
| 同 | 岡山 | 一、四六九 |
| 前頭 | 德島 | 一、四〇八 |
| 同 | 大阪 | 一、三六四 |
| 同 | 兵庫 | 一、二四八 |
| 同 | 大分 | 一、二〇三 |
| 同 | 佐賀 | 一、一七四 |
| 同 | 和歌山 | 一、一四二 |
| 同 | 京都 | 一、一三〇 |
| 同 | 宮崎 | 一、一〇四 |
| 前頭 | 長崎 | 一、〇五四 |
| 同 | 島根 | 九九五 |
| 同 | 滋賀 | 九五四 |
| 同 | 三重 | 九一一 |
| 同 | 高知 | 八四八 |
| 同 | 福岡 | 八一二 |
| 同 | 奈良 | 八〇〇 |
| 同 | 沖繩 | 五〇〇 |

図 1　「満蒙開拓青少年義勇軍府県別送出番付」（昭和 17 年 4 月 1 日現在）（『海の外』第 244 号、1942 年 8 月）

して現地部隊に直接入営させるという関東軍の軍事的要請もあって創設されたため、国内では青少年義勇軍、あるいは「鍬《くわ》の戦士」と呼ばれていた。

番付は、一九四二年四月一日現在の道府県別の義勇軍送出数を示したものである。東日本では長野・山形・福島県、西日本では広島・熊本・山口県が横綱・大関・関脇を占め、沖縄や朝鮮からも義勇軍が送り出されたことがわかる。一九四五年八月に送出が中止されるまで、内原訓練所に入所した義勇軍訓練生は約一〇万人、訓練を終え「鍬の戦士」として満州へ渡った義勇軍は約八万六五〇〇人に及んだといわれる（『満州開拓史』）。

### 郡市別送出番付表

『海の外』の裏表紙には、長野県版となる「満蒙開拓青少年義勇軍郡市別送出番付表」（図2）も掲載された。

この番付は、信濃海外協会郡市支部の義勇軍送出数を示したものである。横綱は下伊那と東筑（東筑摩）であり、諏訪（諏訪市と諏訪郡の合計）・上伊那・北佐久、上水内・小県・更級の各支部が東西の大関・関脇・小結の三役を占めている。三段目は諏訪市を除いた五つの市支部の番付で、松本市を筆頭に、飯田・長野・上田・岡谷市の各支部からも義

## 満蒙開拓青少年義勇軍郡市別送出番附表

（昭和十七年四月一日現在）

蒙御免

取締役　長野縣

勸進元　信濃教育會　各郡市教育會

年寄　拓務省　満洲移住協會　信濃海外協會　義勇軍父兄會

| | | |
|---|---|---|
| 横綱 | 下伊那 | 六七三 |
| 大關 | 諏訪 | 三七九 |
| 關脇 | 上伊那 | 三四三 |
| 小結 | 北佐久 | 二四六 |
| 前頭 | 埴科 | 二四〇 |
| 同 | 上高井 | 一八八 |
| 同 | 北安 | 一五九 |
| 同 | 南安 | 一三四 |
| 前頭 | 松本市 | 八六 |
| 同 | 長野市 | 五〇 |
| 同 | 岡谷市 | 二二 |

| | | |
|---|---|---|
| 横綱 | 東筑 | 五四一 |
| 大關 | 上水内 | 三五六 |
| 關脇 | 小縣 | 三二一 |
| 小結 | 更級 | 二四〇 |
| 前頭 | 南佐久 | 二三九 |
| 同 | 下高井 | 一八七 |
| 同 | 下水内 | 一四九 |
| 同 | 西筑 | 一三〇 |
| 前頭 | 飯田市 | 五六 |
| 同 | 上田市 | 二七 |

図２　「満蒙開拓青少年義勇軍郡市別送出番付表」（昭和 17 年 4 月 1 日現在）（『海の外』第 244 号）

勇軍が送出されていることがわかる。

この二つと同じ番付が、信濃教育会下伊那教育部会が所蔵する『青少年義勇軍関係綴』に綴られている。信濃教育会は、長野県下の小学校・中学校・高等女学校らの教員が会員となって、一八八六（明治一九）年に設立された教員団体で、下部組織である郡市教育部会には、長野・松本の二市と下伊那・東筑摩など一六の郡部会があった。下伊那教育部会所蔵の番付は、『長野県教育史第一五巻・史料編九』（一九八〇年）にも掲載されているが、活版印刷ではなく謄写版印刷で、東西ごとの合計と総計（六万九八〇五人）の欄があり、青森県と下伊那郡の送出数（六七三→六七五）が増えていることをふまえると、信濃海外協会の番付をもとに下伊那教育部会が作成したものと思われる。

ただ、こうした送出数番付が作成されたのは、これが最初ではない。移民事業促進・宣伝機関として一九三六年二月一一日（紀元節）に設立された満州移住協会が発行する機関誌『新満州』（四月に『拓け満蒙』として創刊され、第三巻第四号から『新満州』、第五巻第一〇号から『開拓』と改題される）第三巻第五号（一九三九年五月）の裏表紙に掲載された「満蒙開拓進出府県別番付」には、東方に「開拓民送出表」、西方に「義勇軍送出表」として、府県別の送出数が掲載されている。「開拓民送出表」は「昭和十三年末現在の農家戸数千中に就いての割合」を示したもので、長野県は関脇（六・八四、横綱は山形県）である。「義勇軍送出表」は「十五歳―十九歳男子人口千人に対する昭和十三年度の内原訓練所の割合」で、長野県は前頭筆頭（二・七二、横綱は石川県）である。

さらに第四巻第九号（一九四〇年九月）には、六月一日現在の「満蒙開拓青少年義勇軍送出府県番付」が掲載されている。東の横綱は長野県（二七九四人）、西の横綱は山形県（一八六九人）で、東の三役には石川・福島・新潟県が、西の三役には熊本・広島・鹿児島県が名を連ねている。

## 義勇軍送出と信濃教育会

義勇軍送出番付から、長野県が全国で最も多くの義勇軍を送出したことがわかる。その理由として、一九四〇年度から各府県の教育会・郡市教育部会が直接関与することになった青少年義勇軍の募集・送出活動において、信濃教育会と郡市教育部会の教員が「中心的役割」を果たし、小学校・市町村役場・青年団・在郷軍人会などの協力を得ながら現在の中学校三年生や高校生に相当する小学校高等科卒業生、農家の次・三男を対象に募集活動を行い、義勇軍訓練生として内原訓練所へ、さらに義勇軍として満州へ送り出したためと説明されている。また、信濃教育会と郡市教育部会が、一九三三年二月四日から半年余りの間に多くの教員などが治安維持法違反として検挙され、大きく報道された「教員赤化事件」（二・四事件）を契機に国策に追従するようになったためとも指摘されている（『満蒙開拓青少年義勇軍と信濃教育会』）。

もっとも、近年の研究では、割当人数の充足率において長野県は平均的で、山口県が最も高いこと（『満蒙開拓青少年義勇軍史研究』／『人びとはなぜ満州へ渡ったのか―長野県の社会運動と移民』）、郡市別の送出数は下伊那・飯田、東筑摩、上伊那が上位を占めるが、小学校尋常科の児童数にもとづく送出比率では下水内が最も高く、東筑摩・下伊那と続き、上伊那の比率は長野県平均を下回っていることが指摘されている（「「全国一」の青少年義勇軍を送出した飯田・下伊那」）。

しかし、全国で最も多くの青少年義勇軍を送出した信濃教育会と、全国で最も多く義勇軍として送り出された信州の青少年というイメージは、現在も多くの人びとに広く浸透している。

## 満州移民と教員

だが、ここで留意したいことは、青少年義勇軍の送出は、信濃教育会だけでなく、全国の府県教育会が主導して行ったということである。

満州移民と教育会との関わりは、開拓地の小学校へ教員を派遣したことから始まる。開拓地の小学校教育は、内地の国民教育を基調としながらも、開拓地の特質をふまえ、児童が「永くその土地を、道義的な、日本の新大陸政策の拠点たる郷土と自覚するような思想を涵養」することを目的とし、使用する教科書にもそうした配慮がはらわれた。小学校は一つの開拓団に一校を設けることを原則とし、近隣の複数の開拓団が協同で設立する時は寄宿舎を付設することとされた。

教員は、満州で養成することとされたが、実態は内地から招聘し、とりわけ分村・分郷計画による入植村は母村から採用した。採用の方針は、「開拓事業の精神を充分認識し、永く開拓民とともに苦楽を共にする信念と情熱をもつ青年教育者」であることとされた（『満州開拓月報』第三巻第三号、一九四〇年二月）。

一九三九年度、長野県の小学校・青年学校教職員で、満州国・中国（支那）・朝鮮・南洋・台湾・樺太といった外地に進出した者は一四二人（女性一五人）に及んだ。半数が出向者で、半数が退職者である。このうち、教職員・官吏として、あるいは実業界や家庭に入るために渡満した教職員は七三人である。この中には、信濃教育会の教員として初めて、下水内郷開拓団長として渡満した下水内郡太田村（現飯山市）太田小学校の田中勇治校長も含まれていた。田中を団長に推薦したのは下水内教育部会長の川又昂で、清水謹治飯山町長とともに田中を訪ね「強硬談判をしてついに団長就任を受諾させた」という（『長野県満州開拓史　各団編』）。

## 郷土部隊編成運動と教育会

一方、義勇軍と教育会との結びつきは、静岡県富士郡教育会の富士小隊から始まり全国に広まった郷土部隊編成運動のなかで本格的に深まる。

義勇軍送出の二年目となる一九三九年度の募集活動は不振を極めた。日中戦争の長期化による兵力の動員、軍需産業における労働力需要の高まりとそれにともなう農村労働力の流失などが原因であった。小学校高等科を卒業し、そのまま農村に居住した、すなわち青少年義勇軍の応募適齢の上限に近い層の一七歳から一九歳の青少年の労働力争奪が激化したのである。

この状況の打開策が、拓務省、府県教育会および郡市教育部会を主体とする郷土部隊編成運動であった。現在の中学校二年生に相当する小学校高等科二年生・青年学校生徒のなかから、義勇軍を志望する者、あるいは義勇軍にふさわしいと思う者を各学校で選抜し、夏季休業中や二学期中に、拓植訓練と称する一週間程度の宿泊共同訓練を郡市教育部会で実施。その終了者を中心に郡市を単位とする郷土小隊（六〇人）や府県を単位とする郷土中隊（三〇〇人）を編制し、義勇軍として送出するものである。

郷土部隊編成運動を推進するため、拓務省は、視学（教育現場の視察・指導・監督にあたる地方教育行政官）及び、小学校・青年学校教員を内原訓練所に集めて拓植訓練・講習会を、地方においては中堅男女教員に対し拓植・拓務訓練を行った。さらに夏季休業を利用し、郷土部隊編成運動に尽力する視学・教員を満州建設勤労奉仕隊教学奉仕班（教学奉仕隊）として現地訓練所に派遣し、あわせて義勇軍運動推進団体の結成も奨励した。

こうして義勇軍の送出は、従来の複数府県による混合中隊編成ではなく、教育会が主導して、郡市単位で小隊を、県単位で中隊を編成し、中隊幹部もその郷土から採用するという郷土部隊編成運動として推進された。この結果、一九三九年度は長野県を含むわずか三県にすぎなかった郷土中隊編成は、翌一九四〇年度には一七県に及んだ。

義勇軍の送出における教員は、①教育会幹部や小学校長・高等科担任、興亜教育の推進者として主導（なかには反対）する教員、②拓務・拓植訓練や教学奉仕隊に参加し義勇軍送出を側面から支援する教員、③現地訓練所本部職員、義勇軍を指導する中隊長・教学指導員・農事指導員・教練指導員として自ら渡満する教員などさまざまであった（「満蒙開拓青少年義勇軍と信濃教育会覚書き」）。

こうしたことをふまえれば、義勇軍と教育会との関係で留意すべきことは、義勇軍（青少年）の送出というよりは、教学奉仕隊・中隊幹部・義勇隊指導員の選考と送出であったと思われる。どのような教員を満州に送るのか、義勇隊訓練所と内地の教育との連携をいかにはかるのかが教育会の使命であったからである。事実、「県教育会の情況や生徒児童のたより」を掲載した出征会員の慰問機関誌として、信濃教育会が一九三九年一月に創刊した『信濃教育多与梨《だより》』は、一九四一年七月号から、「青少年義勇軍・満蒙開拓団員各位」にも送付されている。

## 青少年義勇軍になる

本書では、この義勇軍送出番付を二つの視点から問い直してみたい。

一つは、義勇軍になるという人生選択をした青少年への視点である。それはすなわち送出された義勇軍と送出した教育会・教員という構図の解体を意味する。

青少年義勇軍政策の対象であり当事者である青少年にとって、義勇軍として満州に渡り、青年義勇隊として満州という新天地に入植することは、教員の勧誘・指導の結果といった受動的なものだけではなく、みずからの人生を主体的に決定するものであった。

義勇軍になるという決断には、「満州へ行けば十町歩の地主になれる」という宣伝や、残された家族に対する経済的支援、「鍬の戦士」という使命感のみならず、五族協和・王道楽土とうたわれた満州国や「赤い夕陽に照らされた」満州へのあこがれ、内地では実現できなかった上級学校への進学や特殊技能者の道など、多様な要素が介在した。

そして、義勇軍になる動機づけ、いいかえれば義勇軍への「いざない」となったのは、教員の指導だけでなく、町村長・青年団長らによる勧誘、『拓け満蒙』の発行・映画上映・ポスター掲示など満州移住協会や拓務省による募集活動、大日本連合青年団の機関誌である『青年』や少年たちに人気を博した『少年倶楽部』誌に掲載された、田河水泡《たがわすいほう》らの漫画家による義勇軍の宣伝、義勇軍を報じた新聞や時報（市町村の広報紙）、そして帰郷した先輩義勇隊の語りであった。

さらに、義勇軍になることを決意した青少年を後押ししたのが、学校・村・各府県などの場で行われた壮行会、内原訓練所や渡満時に義勇軍に注がれた、期待と声援を伴った「まなざし」であった。

義勇軍になるということは、こうした要因が相互に連関しながら形成された結果であり、教育会／教員の募集・送出活動と、それに従って渡満した青少年という単純な図式によるものではない。

義勇軍を志望した青少年は、義勇軍にどのような夢と希望を抱いたのか。青少年を義勇軍にするために、どのような「いざない」が行われたのか。義勇軍に注がれた「まなざし」は、いかなるものであったのか。

## 義勇軍と女性

もう一つは、青少年義勇軍番付に欠如している義勇軍と女性という視点である。満州移民／開拓民政策には、女性の満州進出が不可欠であった。満州移民／開拓民の配偶者（伴侶）の存在である。「鍬と鍋」と称される、男性と女性、農業と生活という二つの条件がそろって初めて移民／開拓民は満州に定着でき、満州移民／開拓政策が成功するからである。そして何よりも女性には、移民／開拓民の良き「助耕者」、家庭の良き「慰安者」、第二世の良き「保育者」として、男性に劣らぬ重大な使命と責任が負荷されていた。

一九三二（昭和七）年一〇月に渡満し、翌年二月一一日に吉林省樺川《かせん》県永豊鎮に入植した第一次試験移民団―最初の満州移民団で、のちの永豊鎮移民団弥栄《いやさか》村―のケースでは、匪賊と称された現地住民の襲撃、団員間の不和、屯墾《とんこん》病と呼ばれたノイローゼなど団員の集団的動揺を抑えるため、秋から団員の家族招致や配偶者の募集が行われた。移民団を構成した長野小隊（三〇余人）でも、長野に戻った「迎妻者」が県社会課・在郷軍人会・信濃海外協会を通して配偶者を募集した。条件は「農業が好きで体が丈夫な人」で、この結果、一五人が九月に渡満し、翌月には他県出身者を含めた一一八家族による合同神前結婚式が挙行された（『信州青年』第三三号、一九三五年三月）。

結婚は、本人同士の恋愛か見合いや許嫁という方法をへて、双方の親権者の同意と仲人制度によって成立する私的なものである。だが、満州移民の結婚は、父兄縁者だけでなく、府県・町村・青年団や移民関係団体といった公的な仲介者を経て成立するケースが多かった。なかでも義勇軍・義勇隊の結婚は、義勇軍運動の啓蒙的宣伝と優秀なる義勇軍配偶者の養成・送出問題を含むため、よりいっそう公的な仲介者を必要とした。義勇隊開拓団による新しい村づくりに必要な配偶者の養成と送出、結婚を通じての新たな家庭の建設という一連の過程には、拓務省・満州移住協会・府県・町村役場・青年団などの公的な仲介者の関与が不可欠であった。

満州移民配偶者問題は、広田弘毅内閣が掲げた二十箇年百万戸送出計画（二〇年間で満州国の日本人人口を五〇〇万人にする）を受けて満州移民が国策となり、翌一九三七年に府県連合・県単位による満州移民団の編成が拡大、南佐久郡大日向《おおひなた》村（現佐久穂町）に象徴される分村・分郷移民が計画されると、全国的に喫緊の課題となる。

だが、ここで留意すべきことは、満州移民配偶者の対象は、五族協和のスローガンとは裏腹に、満州族や漢民族などの女性ではなく、あくまで内地の日本人女性であったことである。

### 花嫁学校

大陸の花嫁と称された満州移民配偶者は、父兄縁者・府県・町村・青年団による斡旋とともに、各地の修練農場や学校・神社などに開設された花嫁学校において養成された。

一九三七年四月一〇日、長野県立御牧ケ原《みまきがはら》修練農場は、「移民花嫁学校」を開設し、最初の女子長期研修生九人を受け入れた。

御牧ケ原修練農場は、農村中堅人物を養成する農民道場を全国一二カ所に設立するという農林省の事業として、一九三四年八月一日、北佐久郡河辺村御牧ケ原（現小諸市）の県立農事講習所隣接地に開設されたものである。定員は四〇人、修練期間は一年で、開設当初は農民道場と呼ばれていた。

この年、御牧ケ原修練農場では、修練生四〇人をはじめ、農業講習生二一人、大日向分村移民先遣隊を含む第七次満州移民先遣隊四三人、移民少年隊三四人に加え、山梨県から委託された満州移民先遣隊一一人が訓練を受けていた。ここに新たに、女性の研修生からなる「移民花嫁学校」が開設された。四月一三日付『信濃毎日新聞』は、「煙嶺に胸も燃えて　鍛へらる〝鉄の処女〟　女子移民訓練愈《いよい》よ始まる」という見出しを掲げ、午前四時半起床・午後一一時半就寝の訓練生活を詳しく紹介した。さらに七月、女子部の寄宿舎・農場が完成すると、「女子短期修練生」二〇人が募集され、一カ月で大陸の花嫁を養成する「短期花嫁学校」が新たに開設された。約一年に及んだ長期研修は、翌一九三八年三月二〇日に終了し、六人は「土の花嫁」として渡満した。

花嫁学校の設立は、長野県だけでなく、青森・秋田・宮城・茨城・新潟・岡山・広島県などにも及んだ。こうした状況を、『拓け満蒙』第一巻第五号（一九三七年九月）は、「新らしき土の花嫁探し　若き女性の満州行きを　各県各様の方法で宣伝」と報じた。「新らしき土の花嫁探し」には、「まんしゆういみんに　よいよめほしや」というルビが付けられている。

## 女子拓植講習会

図3　御牧ケ原修練農場で訓練を受ける大陸の花嫁（『新満州』第3巻第4号、1939年4月）。

大陸の花嫁養成は、各府県や愛国婦人会が主催する女子拓植講習会や拓務省主催の女子拓植指導者講習会でも行われた。

女子拓植講習会は、各郡市から推薦された女性を農民道場や学校などの施設に収容して合宿形式で行われた。期間は三週間程度で、午前中は学科、午後は実習、夜は座談会という内容で「満州移民花嫁講習会」と呼ばれた。県主催の女子拓植講習会は一九三六年度の宮城県が最初とされ、一九三八年度は、長野県・岩手県・山形県・宮城県など二三府県が拓務省の助成を受け開催した。図3は、『新満州』の表紙に初めて掲載された大陸の花嫁で、御牧ケ原修練農場で訓練を受けた女性である。

愛国婦人会長野県支部も県内一〇カ所に開設した「移民花嫁道場」で、「将来満蒙に移住する希望」を有する一八歳以上の女性を対象に女子拓植講習会を行った。講習会に先立ち、御牧ケ原修練農場では、各町村から選抜された指導員を対象とした指導者講習会が行われている。女子拓植講習会のトップを切って一九三九年二月一五日、下伊那郡上久堅村(現飯田市)で五〇人が参加して実施された講習会は、「大陸の土に捧げる　鉄の花嫁訓練　厳寒を征服して講習」という見出しで写真とともに一七日付『信濃毎日新聞』に報じられた。

これに対し、拓務省が主催した女子拓植指導者講習会は、女子拓植講習会の指導者を養成するものである。

最初の女子拓植指導者講習会は、一九三九年六月三〇日から一六日間、日本国民高等学校女子部で開催された。

日本国民高等学校は、山形県自治講習所長であった加藤完治が、一九二七年二月に茨城県西茨城郡宍戸《しし ど》町（現笠間市）の国立種羊場跡地に設立した学校である。長男教育・次三男教育・少年教育・短期講習・女子部の五部に分かれ、小学校高等科卒業程度以上の者を収容し、デンマークの農民学校にならい農村の中堅人物を養成していた。加藤は後に青少年義勇軍の父と称された。

各府県から推薦された女子青年団の指導者六八人は、午前四時半に起床し、午前中は精神講話・満州移民事情・育児・衛生などの講義、午後は実習というスケジュールの講習を受けた。長野県からは御牧ケ原修練農場職員が参加した。夕食は満州料理で、夜は加藤校長による座談会や研究会が開かれた。講習終了後、講習生は、満州の開拓団・義勇隊訓練所・主要都市の現地視察を行い、「目と耳の両面からの認識を体験した指導者」として、各地における女子拓植指導の第一線に立った（『女子教育』第七巻第九号、一九三九年九月）。

一九三九年一二月、満州開拓政策基本要綱が定められ、移民／移民団の呼称が開拓民／開拓団となり、「開拓民の配偶者として確固たる信念を有する女性の育成」が目標とされると、開拓民配偶者の養成は加速する。この結果、翌一九四〇年八月二一日から二六日まで開催された第二回講習会には、長野県の五人を含め全国から九三人が参加した。

生け花や茶の湯の講師を務めたのは加藤完治夫人の美代で、講習生に対し「まづ、逞《たくま》しい健康体になつてください。内地と全く違ふ気候風土を試練と思ふほどの元気さで、がっちりと大陸に根を張り、立派な子女を実らす——これがあなたの大きな使命なのです」「あとはしつかりした覚悟、大亜細亜建設のために日本と不可分の関係にある満州国を立派に育てゝゆく——私が立派に育てゝゆくんだといふ強い信念を持つこと」と述べている。大陸の花嫁養成の一端を、加藤完治夫妻が担ったのである（『主婦之友』第二四巻第九号、一九四〇年九月）。

## 大陸の母

しかし、留意したいことは、青少年義勇軍がまず必要としたのは、義勇軍の配偶者（伴侶）となる大陸の花嫁ではなく、義勇隊訓練所における訓練と徴兵適齢期前の青少年の心身の安定に不可欠とされた〝母性的保育〞ができる「満蒙開拓青少年義勇軍女子指導員」であったことである。女子指導員は保姆《ほぼ》・寮母と呼ばれ、大陸の花嫁に対して、大陸の母と呼ばれた。

義勇軍の保姆・寮母が最初に募集されたのは一九三八年一〇月である。内地で約四カ月の訓練を受けたのち、四九人の保姆・寮母が渡満した。義勇軍の保姆・寮母の募集は一九四三年まで続いた。

これに対し、義勇軍配偶者の募集は、第一回渡満部隊が三年間の義勇隊訓練生活を終え義勇隊開拓団員となる一九四一年一〇月から、本格的に行われるようになる。義勇隊開拓団は、既存の義勇軍訓練地や新たに選定された入植地区に建設され、戸数は原則として二〇〇戸から三〇〇戸とし、不足数は縁故者で補充することとされた。このため、家族や縁故者の招致が急がれ、あわせて結婚適齢期を迎える義勇隊開拓団員配偶者の募集が本格的に始まった。

こうして、花嫁学校・女子拓植講習会・女子拓植指導者講習会における講習・訓練を経て多くの女性が義勇軍配偶者として渡満する。この大陸の花嫁は、義勇隊と満州で家庭を築き、やがて子どもが誕生して新たな大陸の母となった。

このように、自らの意志で義勇軍の保姆・寮母・配偶者となる、大陸の母と呼ばれた女性や、義勇軍配偶者として自ら渡満する、あるいは送出された大陸の花嫁が多数存在した。

義勇軍が義勇隊開拓団として開拓地に定着し、しかも団が一代限りで終わらないようにするためには、こうした女性たちの存在が不可欠であり、それを実現する国策として男女がそろっての義勇軍制度が完成したからである。

女性たちは、どのような使命感と想いを抱いて渡満し、大陸の母となったのだろうか。女性たちを義勇軍の配偶者となる大陸の花嫁とするために、どのようなことが行われたのだろうか。

本書では、この二つの視点から「鍬の戦士」の素顔を素描したい。

# 青少年義勇軍の原風景

## 義勇軍の原形

### 長野県で最初の満州少年移民

満蒙開拓青少年義勇軍制度は、一九三七（昭和一二）年一一月三〇日、近衛文麿内閣の閣議決定により正式に創設された。だが、本書では、義勇軍制度の創設以前に満州へ渡った青少年、具体的には、義勇軍の先遣隊と本隊を受け入れるために渡満した、いわば義勇軍の原形ともいうべき満州開拓青少年移民先遣隊から説き起こしたい。その理由は、義勇軍制度は、支那事変の拡大により頓挫した二十箇年百万戸送出計画の埋め合わせのために創設されたものではなく、関東軍と陸軍省との間ですでに構想されていたこと、そして何よりも、長野県が義勇軍を最も多く送出した歴史の原点が、長野県を中心とする青少年移民先遣隊の編成と送出時にあると考えるからである（『満蒙開拓青少年義勇軍史研究』／『満蒙開拓団—虚妄の「日満一体」』）。

青少年義勇軍の送出に先立ち、満州移住協会は、かねて計画されていた「青年農民訓練所（仮称）創設要綱」にもとづき、龍江省嫩江《のんこう》県靠山屯《こうさんとん》に建設予定であった現地訓練所の建設準備を担う満州開拓青少年移民先遣隊を、長野・山形・宮城三県の青少年各一〇〇人を対象に募集した。

この三県が対象となったのは、饒河《じょうが》（長野）・城子河《じょうしが》（宮城）・哈達河《ハダホ》（山形）など、すでに満州少年移民送出の実績があったことによる。

長野県で最初の満州少年移民は、一九三七年七月二二日にソ連・満州国境東北部の吉林省饒河県の饒河大和村北進寮に入寮した少年たちである。北進寮は東宮鉄男《とうみやかねお》が一九三四年九月に建設した。

六月九日、長野県庁で盛大な見送りを受けた一六歳から二〇歳までの二〇人は、日本国民高等学校で約一カ月の移民訓練を受けたのち、宮城・山形から選出された少年たち（三県合計で六四人）とともに宮城遥拝《きゅうじょうようはい》（皇居を遠く離れた所から拝むこと）、伊勢神宮参拝を経て、七月一八日に敦賀から渡満した。

義勇軍の原形となる青少年移民先遣隊の募集は、こうした満州少年移民の送出実績をふまえ、長野・山形・宮城三県の青少年を対象に行われたのである。

## 満州開拓青少年移民先遣隊

青少年義勇軍の原形である満州開拓青少年移民先遣隊の先陣を切って渡満したのが、長野県から送出された一〇〇人の青少年であった。彼らは、八月八日から一四日まで御牧ケ原修練農場で、一八日から二三日まで日本国民高等学校内原農場で訓練を受けた。

内地訓練を終えた彼らは、八月二四日に上京、宮城遥拝と明治神宮・靖国神社を参拝後、日本青年館講堂で開かれた満州移住協会主催の壮行会に出席した。長野県主催の壮行会は一六日、長野県庁で行われていた。

東京での壮行会には、拓務・内務・農林・陸軍各省、満州国大使館・協和会・在郷軍人会・大日本連合青年団・日満帝国婦人会・満鉄関係者が出席、拓務局長・陸軍省軍務局長・駐日満州帝国特命全権大使、在郷軍人会・大日本連合青年団・協和会・農村更生協会関係者から祝辞を受けた。午後一〇時半に東京駅を出発、伊勢神宮参拝を経て、二六日午後二時に敦賀を出帆した。「みんな純真な少年達計りで大変お行儀も好く、しかも元気一杯で理想に眼を輝かせ乍ら出発して行つた」という(『拓け満蒙』第一巻第六号、一九三七年一〇月)。

青少年移民先遣隊の第一陣となった満州開拓青少年移民第一先遣隊—長野班とも呼ばれ

た―一〇〇人のうち七〇人は、満蒙開拓哈爾浜《ハルビン》訓練所で約二週間の現地訓練を受けたのち、九月一四日、龍江省嫩江県伊拉哈《イラハ》に到着し、満州拓植公社が準備した満州人家屋を借り上げた仮宿舎に入った。残りの三〇人は、饒河での現地訓練を経て、一〇月三日、伊拉哈に到着した。

伊拉哈は、一九三七年に開通した寧墨線伊拉哈駅から三km離れた戸数四〇、人口三〇〇人余の満州人の集落である。仮宿舎を準備した満州拓植公社は、満州国での移民関係事業を行うため一九三六年一月に設立された満州拓植会社を改組拡大して一九三七年八月に設立された日満両国籍特殊法人である。

長野班は、清明寮・追進寮・天晴寮と命名された満州人の家屋から、トラックで伊拉哈駅周辺に通い、宿舎の建設作業に従事した。作業は軍隊式で、午前五時半起床、八時半作業開始、日没作業終了、午後八時半就寝という日課により行われた。食糧は、長野班が到着する前に、満州拓植公社が半年分を準備した。

この時期の伊拉哈は、二・三年前まではしばしば出没した匪賊とは無縁の「安全の地」とされたが、訓練生は「大事をとつて充分の銃器弾薬を備へ、夜も交代で徹宵警備」を行った。雨の日は学科が中心で、自習時間には郷里へ向けて書かれる便りが毎日三、四〇通にも及んだ。月の明るい夜は「少年隊（長野班）のお国名物木曽節が拡がつて、満人の耳を聳《そば》たゝせ」たという（『拓け満蒙』第一巻第八号、一九三七年一二月）。

## 青少年移民先遣隊第二陣

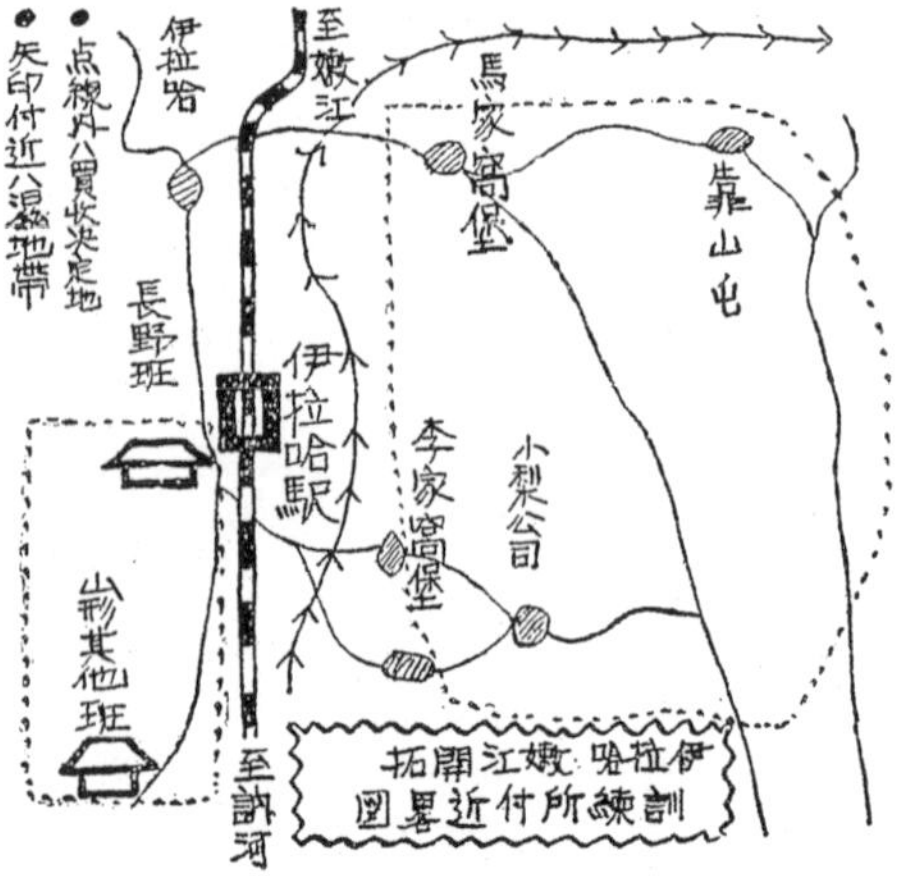


図４　伊拉哈嫩江開拓訓練所付近略図（『拓け満蒙』第１巻第８号、1937 年 12 月）

第二陣となる一九五人（山形・宮城・長野・新潟・愛知・埼玉）は、一九三七年九月一日から二九日まで、日本国民高等学校内原農場で訓練を受けた。内地訓練が終わると、先陣の長野班と同様に上京し宮城遥拝・明治神宮参拝を行なった。その後、明治天皇がしばしば休憩所として利用した萩の茶屋前で行なわれた満州移住協会主催の壮行会に出席し、二班に分かれて新潟と敦賀から渡満した。哈爾浜の満蒙開拓訓練所で現地訓練を終え、完成したばかりの伊拉哈駅前の宿舎で長野班の出迎えを受けたのは一〇月下旬であった。

青少年移民先遣隊は、伊拉哈駅周辺で建設中の嫩江開拓訓練所の建設作業に従事したことから嫩江開拓訓練生と呼ばれた（図4）。北安曇郡陸郷村《りくごう》（現池田町）出身の少年（一九歳）は、御牧ケ原修練農場の職員にあてた便りで、「あの狭い日本の耕地に、荒れ果てた長野県の土に、いつまでもかじりついて居たとて何の楽しみ望みがある。此の大舞台に立ちてこそ若人の胸は満たされ、又働きに愉快がある。日本農民の真に働きたい人よ、総動員にて大陸に移動せよと叫び度い」（『満州開拓と青少年義勇軍』）と記し、先遣隊としての思いを吐露している。

## 伊拉哈先遣隊

嫩江開拓訓練生は一九三八年二月、青少年義勇軍の先遣隊・本隊を受け入れる大訓練所の建設準備隊員として、長野班が牡丹江省寧安県の沙蘭鎮《しゃらんちん》（寧安）訓練所、山形班が浜江省鉄驪《てつれい》県の鉄驪訓練所、宮城班は黒河省孫呉《そんご》県の孫呉訓練所・三江省宝清県の宝清（勃利《ぼつり》）訓練所に、それぞれ一班四〇人編成で派遣された（図5）。年少者と病弱者を除く残留組は、伊拉哈駅から一六㎞北方の馬家窩《ばかわ》に新たに建設される嫩江開拓訓練所の建設に従

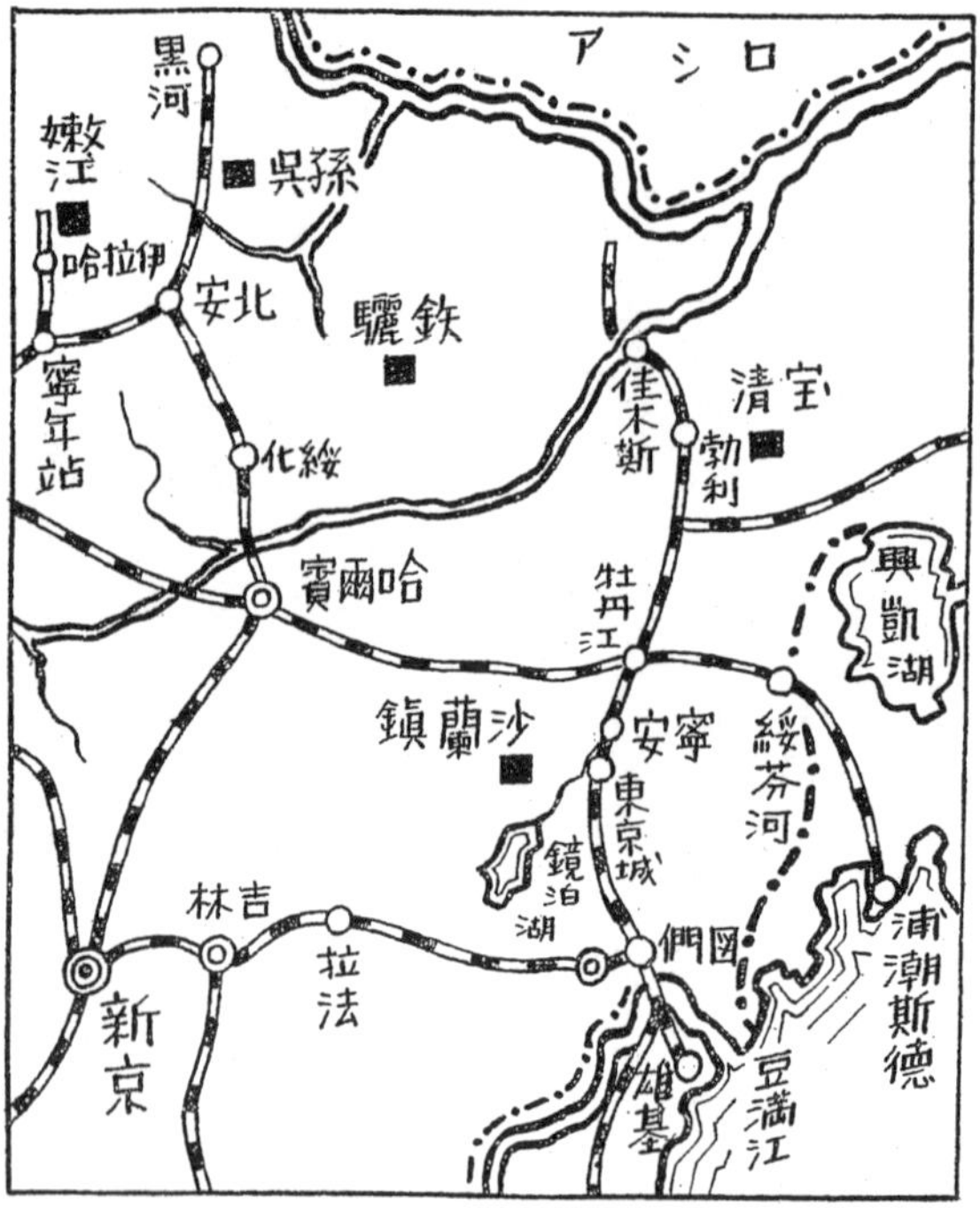


図5　青少年義勇軍現地訓練所（1938年2月現在）（『拓け満蒙』第2巻第3号、1938年3月）

事した。

大訓練所の建設準備作業に従事した嫩江開拓訓練生が、作業を終え伊拉哈に戻ったのは、派遣先の大訓練所で義勇軍先遣隊を迎えたのちの四月下旬であった。この時、嫩江開拓訓練所の本部は馬家窩に移転していたので、訓練生は以後、伊拉哈先遣隊と呼ばれることになる。

満州移民団にとって、本隊の入植に先立ち、団長・指導員らと一緒に渡満する先遣隊の

（四）　昭和十三年二月十五日　（火曜日）　信濃毎日新聞

満蒙開拓・青少年義勇軍

可憐三百の若人

聴け・その抱負

行け！信州少年よ

移植民特輯欄

郷の編成（三〇〇名）

伊拉哈少年義勇軍（本県出身者）

図6　伊拉哈先遣隊を報じる1938年2月15日付『信濃毎日新聞』

任務は重要であった。先遣隊の入植は本隊の一年前であるが、渡満はさらに一年前となる。移住先の訓練所でまず約一年現地訓練を受けたのち、団長や指導員らとともに、満州拓植公社が買収した移住地に入植してからは、本隊のための食糧・家屋・農具その他必需品の準備、道路・交通機関の整備、集落の割り当てなどの任務があるためである。独身者や二年くらい家族を呼ばなくても差し支えのない者が先遣隊に選ばれた理由はここにある。

青少年義勇軍先遣隊を受け入れるため渡満した伊拉哈先遣隊は、先遣隊の任務をわずか五カ月という短期間で成し遂げた。その中核となったのが、長野班と呼ばれた一二三人の信州少年たちである。青少年義勇軍の原形は長野班であった（図６）。

# 青少年義勇軍の募集

## 先遣隊の募集

青少年義勇軍の募集にあたり、満州移住協会は、全国の青年団が加盟する大日本連合青年団、一九三四（昭和九）年一〇月に設立された農村更生協会との連絡を取りながら、全国八カ所で青少年義勇軍送出地方協議会を開き、府県ごとの先遣隊の募集人員の割り当てを行った。最多が山形・長野・宮城の三県の各三五〇人、次が新潟県の二五〇人、最少は福井県の三〇人で、募集目標は五四六〇人であった（『満州開拓と青少年義勇軍』）。

また、各県の四、五カ所で、市町村長・在郷軍人分会長・農会関係者・青少年学校長を集め府県別協議会を開いた。府県別協議会では「青年学校の先生が最も熱意」を示し、「先遣隊の血書志願をする青少年」も現れたという（『拓け満蒙』第二巻第四号、一九三八年四月）。

そして、義勇軍と「普通の集団移民」との違いを「大陸の開発教育であるから、身についた宝は大きく、実際定着、経営をして見ると如実に現れて来ると思はれる。第一純真な少年時代から大陸に呼吸したゞけに人間の性格が違ひ、精神が違ひ、技術が違ひ、経験が違ふので、その効果の現れた時は恐ろしい」と強調したうえで、満州移住協会は青少年に対し、以下のように呼び掛けた。

全国の青少年諸君は今や前途に何の不安もない。募集人員に制限はあるが、現地は大手を拡げて諸君の渡満を待ち受け、目下之が準備に大童《おおはらは》の活動を続けてゐる。あとは青少年諸君が互に手をとり合つて大挙して義勇軍の傘下に来り投ずればよいのである。たゞそれだけである（『拓け満蒙』第二巻第二号、一九三八年二月）。

「青少年諸君が互に手をとり合つて大挙して義勇軍の傘下に来り投ず」ることが望まれた。こうして義勇軍先遣隊・本隊の募集が始まる。

**長野県の募集**

長野県は、先遣隊の募集に先立ち、一九三七年一〇月二五日から一週間、御牧ケ原修練農場に青年学校指導者八〇人を集め、満州移民講習会を行った。翌年一月二〇日、市町村長・学校長・在郷軍人分会長・青年団長・女子青年団長・農会長・産業組合長など宛に、学務部長名で「満蒙開拓青少年義勇軍募集ニ関スル件」と題する通牒を出し、二月一五日を締め切りに、先遣隊三五〇人を含む二五〇〇人の義勇軍を募集した（『長野県報』第一一二七号、一九三八年一月二〇日）。

先遣隊の募集締め切りが二月一五日とされたのは、三万人以上を収容する現地訓練所を厳寒期を迎える一〇月末までに完成させるためには、二カ月の内地訓練を終わらせ四月二〇日頃までには渡満させなくてはならなかったことによる。

長野県で選考された先遣隊五一一人は、長野市城山蔵春閣で前日に行われた盛大な壮行会を経て三月二四日に、「本県初の移民列車」で内原に向け出発した。先遣隊の全氏名は、出発に先立ち『信濃毎日新聞』に三回に分けて掲載された（三月一六日〜一八日付）。さらに、出発の様子は「満蒙開拓の若きパイロット　青少年義勇軍　輝く壮途へ！　けふ先遣隊五百余名」という見出しのもと、写真入りで大きく報道された（三月二四日付）。

## 内原訓練所の建設

渡満の準備訓練を実施する内地訓練所の建設は、満州移住協会が日本国民高等学校から借り受けた下中妻村小林の農場予定地と買収した民有地（合計四四ha）において、山形・宮城・香川・群馬・新潟の五県から募集した「内原建設班」によって開始された。

一九三八年一月一五日、山形県の一三二人が「内原へ堂々と先鞭をつけて入所」、二月一〇日頃には六五三人の「内原建設班が打揃つて凛々しく日の丸宿舎の建築を猛烈な勢ひで進めて行つた」（『拓け満蒙』第二巻第四号、一九三八年四月）。

三月一日、満蒙開拓青少年義勇軍内原訓練所が正式に開設された。運営には満州移住協会があたり、日本国民高等学校長で満州移住協会理事でもあった加藤完治が所長を務めた。内原訓練所には、形が太陽のような円形であるところから「日輪兵舎」と呼ばれた訓練生が起居する建物が松林の中に多数点在し、弥栄《いやさか》広場と呼ばれる広場の正面には、城郭型の警備司令部や大講堂、本部、望楼などの建物があり威容を誇った（図7）。

訓練の単位は、五個の小隊（各六〇人）からなる三〇〇人編制の中隊で、中隊五個が集まって大隊となり、訓練生一万人が六個大隊に編制された。班長と小隊長は訓練生から選任し、中隊長と中隊幹部は別に内原訓練所内に開設された幹部訓練所で訓練を受けた指導員の中から任命される仕組みであった。

# 夢は滿蒙！

## 滿蒙開拓青少年義勇軍内地訓練所漫訪記

長崎抜天

茨城《いばらぎ》の一寒村《かんそん》内原《うちはら》を、天下《てんか》の内原《うちはら》に昇格《しやうかく》させたのは、滿蒙開拓青《まんもうかいたくせい》少年《せうねん》義勇軍《ぎゆうぐん》である。十五歳《さい》から十九歳《さい》までの少年《せうねん》一萬《まん》、こゝの内《ない》地《ち》訓練所《くんれんじよ》に日夜營々《にちやえいえい》として訓練《くんれん》を勵《はげ》んでゐるといふ。漫畫子《まんぐわし》は一日《にち》訓練所《くんれんじよ》に義勇軍《ぎゆうぐん》を訪《おとづ》れて、その健氣《けなげ》さに心《こゝろ》を打《う》たれた。これはその漫畫報告《まんぐわはうこく》である。

**歩哨**　内原《うちはら》の驛《えき》から十八丁《ちやう》、松林《まつばやし》の中《なか》に獨特《どくとく》の宿舎《しゆくしや》が立竝《たちなら》ぶ、ボンヤリ先《さき》を急《いそ》いだら、だしぬけに『止《とま》れーッ』と歩哨《ほせう》に怒鳴《どな》られた、聲《こゑ》は大《おほ》きいが可愛《かあい》らしい歩哨《ほせう》だ、鐵砲《てつぱう》の方《はう》がはるかに大《おほ》きい。

**チンピラ兵隊**　訪問者《はうもんしや》は衞兵屯所《ゑいへいとんしよ》に用件《ようけん》と住所氏名《ぢゆうしよしめい》を書《か》く、と案内《あんない》係《がかり》の少年兵《せうねんへい》が、鐵砲擔《てつぱうかつ》いで案内《あんない》して呉《く》れる、まだ銃《じう》が揃《そろ》はないので銃無《じうな》しで軍事教練《ぐんじけうれん》をやつて居《ゐ》る中《なか》を、この少年《せうねん》は誇《ほこ》らしげに、訪問《はうもん》者《しや》を案内《あんない》して肩《かた》をそびやかす。

**忙しい作業**　何《なん》の設備《せつび》も無《な》い松《まつ》林《ばやし》に一萬《まん》の少年兵《せうねんへい》がトタンに生活《せいくわつ》しやうと言《い》ふのだから、建設作業《けんせつさげふ》は戰爭《せんさう》の樣《やう》な繁忙《はんばう》さである。しかし彼等《かれら》は希望《きばう》をもつて朗《ほが》らかだ。



図７　長崎抜天「夢は満蒙！　満蒙開拓青少年義勇軍内地訓練所漫訪記」（『拓け満蒙』第２巻第４号、1938 年４月）。

## 本隊の送出

初年（一九三八）度の送出人員は三万人と決定されたため、内原訓練所では、一回につき六〇〇〇人の訓練生を受け入れて二カ月で訓練し、これを年五回行って毎年三万人を満蒙に送出することが目標とされた。

義勇軍先遣隊は、四月一一日に神戸港から出帆した香川・山形班を皮切りに、一一班に分かれ四月二七日までに渡満した。渡満に際し四月八日、内原訓練所において陸軍大将本庄繁・海軍大将財部彪《たからべあきら》・満州国大使をはじめ、近県知事やドイツ青年代表ら七〇〇人が臨席して盛大な壮行会が行われた。

先遣隊が渡満した内原訓練所には、本隊（第二次第一回）約八〇〇〇人が入所、約二カ月の訓練を終え、新潟・敦賀から朝鮮北部の清津《せいしん》あるいは大連に上陸するルートで渡満した。訓練を終了した満蒙開拓青少年義勇軍は、渡満後、満州開拓青年義勇隊と名称を変え、七カ所に開設された現地訓練所―嫩江・寧安・鉄驪・勃利・孫呉・哈爾浜特別・昌図《しょうと》特別訓練所―に入所した。

その後、内原訓練所には第三次（本隊第二回）から第六次（本隊第五回）までが入所した。初年度の募集人員は三万二〇七四人、採用人員は二万六三八二人、内原入所人員は二万四〇二五人で、募集人員に対する入所人員の比率は七四・九%であった。

長野県は、一七九一人の募集人員に対し、採用人員一六〇四人、入所人員一四九九人(比率は八三・七%)であった。この数字は、一〇〇〇人以上の募集人員があった八県のなかでは、山形県の八九・〇%につぐ全国第二位である。だが、ここで留意したいことは、義勇軍の募集は、長野県も全国も、初年度から目標を達成できなかったことである(『満州移住月報』第四号、一九三九年三月)。

### 義勇隊訓練生の内実

一九三八年一二月現在、現地訓練所に入所し訓練に励む満州開拓青年義勇隊訓練生の総計は、一万六二一五人であった。嫩江・寧安・鉄驪・勃利・孫呉の大訓練所と哈爾浜・昌図の特別訓練所の「七ケ所訓練所訓練生出身別年齢調」によると、出身府県別人数では、長野県一一四三人が最多で、山形県一〇六七人・佐賀県六九三人と続き、のちに義勇軍送出番付で西の横綱となる広島県は二六四人、最少は奈良県の四七人であった。

年齢別の割合では、小学校高等科を卒業した一五、六歳が四一・六%(長野県五四・五%)、一七歳から一九歳が五四・六%(三八・六%)を占め、二〇歳以上(最高は二三歳)

が三・八％（六・九％）であった。長野県出身の義勇隊訓練生における二〇歳以上の比率が高いのは、先遣隊に先立つ伊拉哈先遣隊が嫩江訓練所訓練生として計算されているためと思われる。

また、「義勇隊訓練生学歴調」によると、小学校高等科を卒業する、あるいは高等科を卒業した者が入学する青年学校本科を卒業・中退した者が八三・三％を占めた。これに対し、中学校や甲種・乙種実業学校などの「中等学校」を卒業・中退した者は五・三％、小学校尋常科卒業者はわずか三・八％に過ぎなかった（『満州移住月報』第四号、一九三九年二月）。

こうしたデータから、初期の義勇軍の供給源は、小学校高等科・青年学校本科卒業という学歴を有する二〇歳に近い勤労青少年であったことがわかる。

しかし、支那事変（日中戦争）による兵力動員や軍需産業における労働力需要の高まりにより勤労青少年の争奪が激化すると、義勇軍の供給源は小学校高等科卒業者が中心となる。この結果、義勇軍の募集・送出に各府県の教育会と小学校高等科教員が深く関与するようになる。

# 青少年義勇軍になる

# 義勇軍の身上

## 義勇軍の成績

上調査表　成績別調

| 中位 | | | 下位 | | | 計 | | |
|---|---|---|---|---|---|---|---|---|
| 15 | 16 | 17 | 15 | 16 | 17 | 15 | 16 | 17 |
| 487 | 691 | 617 | 9 | 27 | 164 | 589 | 750 | 971 |
| 187 | 363 | 379 | 5 | 29 | 96 | 278 | 479 | 557 |
| 133 | 254 | 239 | 25 | 20 | 24 | 251 | 438 | 328 |
| 242 | 445 | 600 | 44 | 60 | 72 | 472 | 735 | 859 |
| 42 | 226 | 135 | 5 | 26 | 9 | 71 | 330 | 168 |
| 151 | 355 | 343 | 26 | 37 | 46 | 295 | 497 | 475 |
| 4280 | 8426 | 8701 | 466 | 968 | 1232 | 7218 | 12465 | 12371 |

満蒙開拓青少年義勇軍身上調査統計』より作成。

義勇軍の募集・送出活動に教育会が主体的に関わるようになったのち、義勇軍の中核となった小学校高等科の卒業生たちは、どのような少年だったのだろうか。

一九四一（昭和一六）年度の第一次内原訓練所訓練生は、前年度より約五〇〇〇人多い一万三二一八人で、府県単位の中隊編制は三〇府県に及んだ。「之は昨年より一層興亜教育に根底を置く郷土部隊編成運動に関し、関係機関総動員の活動の結果に外ならない」と評価した拓務省拓北局は、青少年義勇軍の「身上」について、

| 自　昭和15年度<br>至　昭和17年度 | | 第一次入所郷土部 | | | | | | | | | | |
|---|---|---|---|---|---|---|---|---|---|---|---|---|
| 種別 | | 一番 | | 二番 | | 三番 | | 四番 | | 五番 | | |
| 年度 | | 15 | 16 | 15 | 16 | 15 | 16 | 15 | 16 | 15 | 16 | 15 |
| 県名 | 長野 | 3 | 3 | 5 | 1 | 10 | 3 | 8 | 2 | 13 | 3 | 55 |
| | 山形 | 2 | 4 | 8 | 8 | 9 | 5 | 3 | 4 | 11 | 4 | 53 |
| | 福島 | 1 | 3 | 4 | 12 | 5 | 10 | 3 | 13 | 19 | 10 | 61 |
| | 広島 | 13 | 10 | 13 | 12 | 9 | 22 | 16 | 15 | 19 | 19 | 116 |
| | 熊本 | 3 | 5 | 2 | 5 | 2 | 8 | 3 | 0 | 1 | 6 | 13 |
| | 山口 | 11 | 2 | 16 | 1 | 9 | 2 | 12 | 0 | 6 | 2 | 64 |
| 計（全府県） | | 126 | 131 | 186 | 159 | 212 | 224 | 156 | 178 | 253 | 214 | 1529 |

表1「第一次入所郷土部隊身上調査表　成績別調」（『自昭和15年度 至昭和
計の数字は史料のまま）

以下のように解説した。

先づ年齢別に見るとき十五歳が二五%、十六歳が五六%で、高等小学校の新卒業生が八一%を占め、昨年度より四%の増加となつてゐる。又、之等入所者の成績は、一番より五番までは九〇六名で昨年より余り多いと謂ふ訳ではないが、中位迄の成績は九二%で、昨年と同様の成績を収め、級長及び副級長を勤めた者も一七一三名で、昨年同様一五%を占めてゐる。

家庭の情況中職業では農家が多数を占め八八八六名にて六九%を示し、昨年の七三%に比し幾分減じ、商業は一一一六名で九%にして昨年と略々《ほぼ》同様であるが、第三位を占むる工場労務者五一二名の四％を示せるは昨年の約倍数であつて漸次都市生活者に義勇軍運動が認識せられつゝあるを痛感す（『昭和十六年度第一次入所　青少年義勇軍身上調書一覧表　昭和十六年四月二日現在』）。

身上調書で注目したいことは義勇軍の成績で、高等小学校での成績上・中位者や級長・副級長クラスの生徒が多数いたことである。これは、満州移住協会が作成した『自昭和十五年度　至昭和十七年度　満蒙開拓青少年義勇軍身上調査統計』に収録された「第一次入所郷土部隊身上調査表　成績別調」を、冒頭で掲載した「満蒙開拓青少年義勇軍府県別送出番付」（図1）における東西上位三県の数字をまとめた表1からも裏付けられる。

この傾向は、翌年の「青少年義勇軍身上調書一覧表」でも同様で、「入所者の成績は上位二〇％、中位は七〇％、下位は一〇％を占め、中位迄の成績九〇％は例年と大差ない」「級長・副級長を勤めた者は一七〇九名で一四％弱で、一昨年、昨年と比較すると一％の減少を示して居る」と報告されている（『昭和十七年度　青少年義勇軍身上調査一覧表　昭和十七年四月二十三日現在』）。

## 義勇軍と学歴

成績上・中位者の生徒が、なぜ義勇軍になったのだろうか。

図8は、国民学校が誕生した一九四一年四月の学校系統図である。この時期、義務教育であり、従来の小学校尋常科に相当する国民学校初等科を卒業し、少国民と称された少年たちのその後の進路は、①中学校（六三三校）・高等学校（三二校）を経て帝国大学や官立・公立・私立大学（合計四七校）に進学する、②中学校を経て専門・実業専門・高等師範・師範学校など高等教育機関に進学する、③中学校を卒業し家業に従事、あるいは就職など社会に出る、④国民学校初等科・高等科を卒業し社会に出る、といった四つがあった。

中等学校卒業者の激増を背景に、日中戦争前後から高等教育機関の志願者・入学者が増加（一九四二年度、中学校卒業者の約五〇％が上級学校に進学）していたとはいえ、中学校に進学できる者は、同年齢男子の約二〇％程度であった。このため、義勇軍の供給源となったのは、中等・高等教育機関への進学という高学歴とは無縁で、小学校卒業後の教育機会が一九三九年四月から就学が義務付けられた青年学校に限られた④の少年たちであった。

義勇軍を志望する少年たちに成績上・中位者が数多く含まれていたという事実は、中学校以上の諸学校に進学できる学力をもちながら、家庭の事情や経済的な理由により、上級学校への進学の道を閉ざされた少年たちが、これに代わる進路として「義勇軍になる」ことを選択したことを想像させる。このことは、内地では実現できない上級学校への進学というキャリア・アップの道が、義勇軍・義勇隊制度に準備されていたことを意味する。

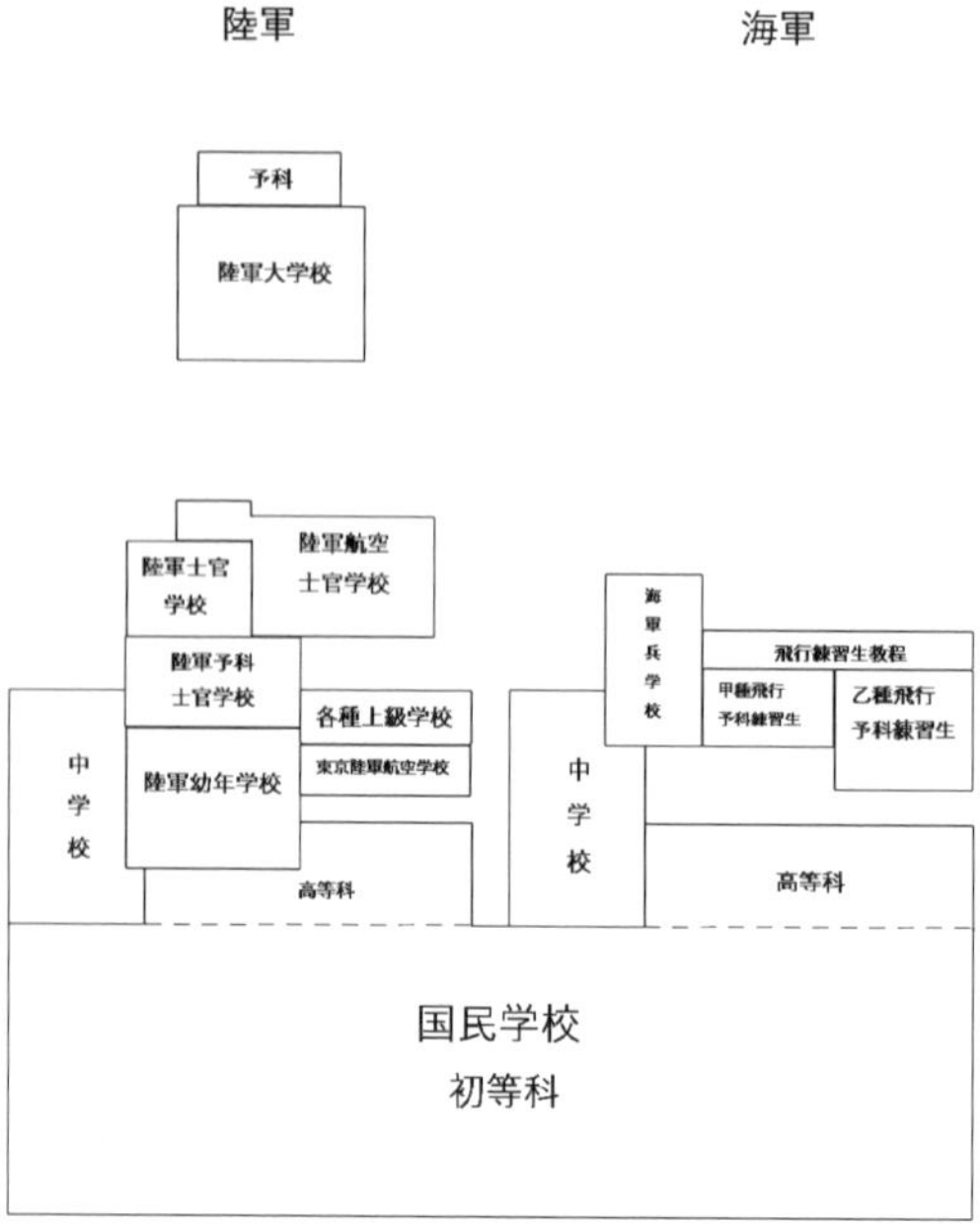


（8 月 12 日）により乙種は 14 歳以上 18 歳未満）

**陸海軍少年飛行兵と義勇軍**

もっとも、この④の少年たちが志望したのは義勇軍だけではなかった。文部省の学校とは別に陸軍幼年学校（一三歳から一五歳）・海軍兵学校（一六歳から一九歳）があり、航空飛行兵の養成が急務とな

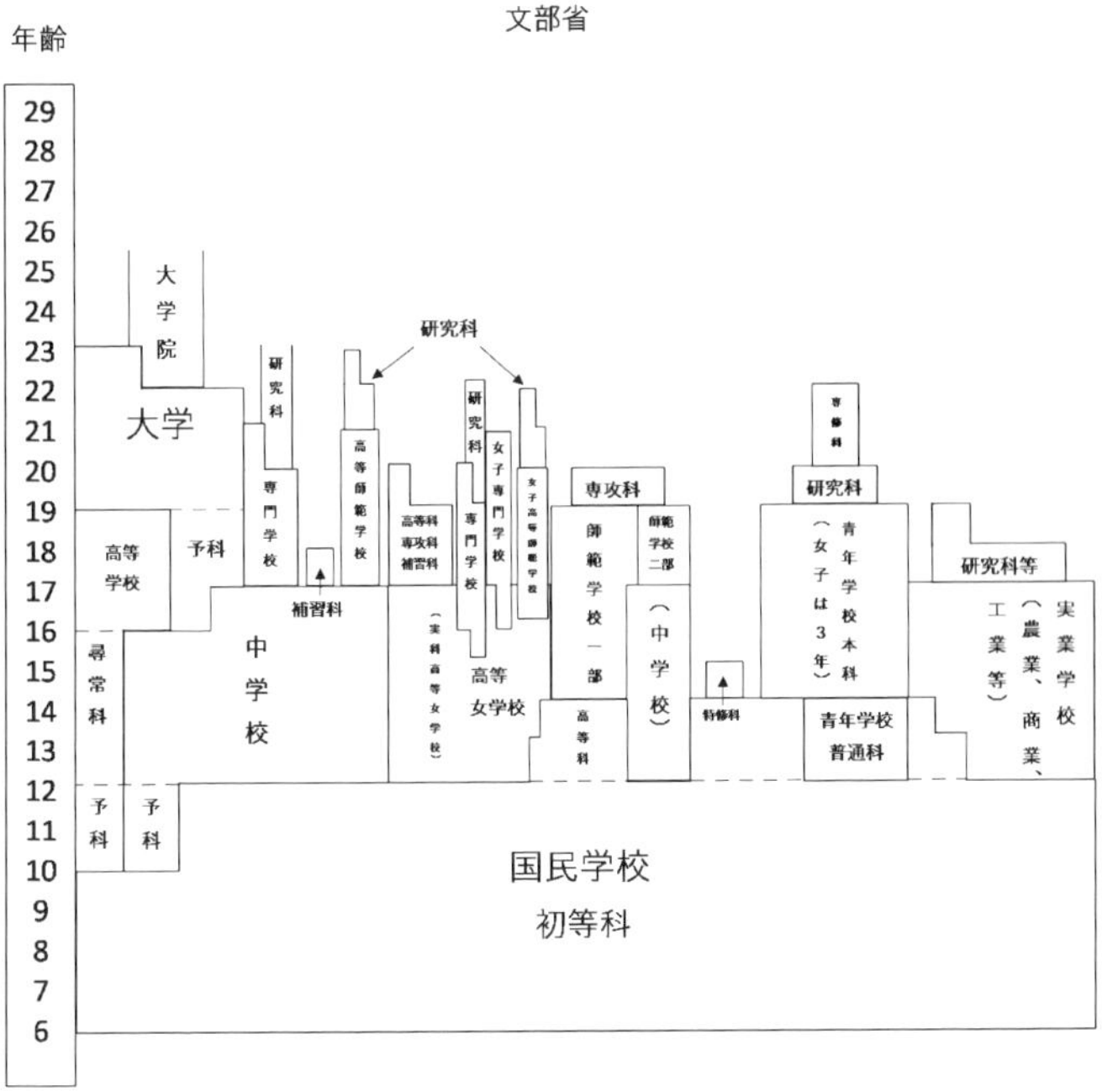


図８　学校系統図（1941年４月、海軍志願兵令施行規則中改正

ったこの時期、「荒鷲」に憧れ、陸軍少年飛行兵（東京陸軍飛行学校生徒／少飛）や海軍少年飛行兵（海軍飛行予科練習生／予科練）を志望する青少年も多数存在した。事実、長野県が義勇軍先遣隊を募集していた一九三八年二月、甲種予科練選抜試験に県から四一人が合格している。

　陸海軍も、徴兵適齢期前の少年に対し飛行兵の募集・勧誘を積極的に行った。「鍬の戦士」と同様に、陸海軍の供給源もまた、兵役法による徴兵に加え、小学校高等科卒業生や中学校在学中の少年たちであった。

陸軍少年飛行兵は、国民学校初等科卒業程度の学力があれば誰でも志願できた。選抜試験は身体検査と学科試験で、学科試験（国語・数学・理科・歴史）は国民学校初等科卒業程度の内容であった。

一方、海軍少年飛行兵には、中学校第三学年修了程度の学力があれば誰でも志願できる甲種、国民学校高等科卒業程度の学力があれば誰でも志願できる乙種、海軍の一般下士官から選抜される丙種があった。学歴面で義勇軍と競合する乙種の選抜試験は身体検査と学科試験（国民学校高等科卒業程度）であった。

予科練生は、四等航空兵として入隊し、俸給も支給された。その後、予科練習生教程と本科の飛行練習生教程（飛練）を経て、各地の練習航空隊で搭乗員訓練を受け、「荒鷲」と呼ばれた海軍飛行兵となった。土浦海軍航空隊をはじめとする予科練教育を担当する練習航空隊に入隊した青少年は、義勇軍が創設された一九三八年度以降でも、甲種は約一四万人、乙種は渡満した義勇軍とほぼ同数の八万五七一一人を数える（『続・阿見と予科練』）。

陸海軍飛行兵を志望する少年たちの成績も、義勇軍志望者と同様に、成績の上・中位者

図9　陸海軍少年飛行兵（『少年倶楽部』第27巻第5号、1940年5月）

が多かったという。

では、④の少年たちにとって、義勇軍や予科練・少飛を志望するという進路選択は、何を基準にして行われたのだろうか。「若鷲」（予科練・飛練）「荒鷲」（航空兵）に憧れたのか。軍人としての道を歩みたかったのか。だが、予科練・少飛には厳格な身体条件や難関な選抜試験が課せられていたし、訓練中の事故死や戦死という危険性があった。

これに対し、義勇軍の選考は難しくなく、厳格な身体条件もなかった。事実、満州移住協会は、「合格出来る体格の標準をお知らせ下さい」という質問に対し、「団体生活に支障がなく、農業労働、其他の訓練に耐え得る体格であれば多少身長が短いとか、目方が少いとかいふ事は問題でありません」と回答している（『新満州』第四巻第五号、一九四〇年五月）。ある青年学校教員は、「国民学校高等科を卒業すると、体格のいい男子は少年飛行兵などの陸海軍へ、後に残った者の中から軍需工場工員や義勇軍志望者が選ばれた」と証言している(『満蒙開拓青少年義勇軍と信濃教育会』)。だがこれは一つの事例に過ぎない。

## 義勇軍とは

陸海軍の少年飛行兵ではなく、義勇軍を志望した青少年は、義勇軍にどのような夢を託したのだろうか。

義勇軍は理想的大陸開拓者を養成するのを本旨とし、それが為に開拓訓練を行ふのであつて、三ケ年の現地訓練終了の後は農業集団移民に編入され、それと同様に一戸十町の耕地をもつて独立農業者となることを保証され、又そうなることを原則としてゐる(中略)。しかし定着を強制するものではない、農業者となることを強ひるのでもない。そんな強制をしなくとも満州で三年間の農業開拓訓練を受ければ恐らく全部が集団移民となつて独立定着を希望するに違ひないと予測してゐるのである(『拓け満蒙〝臨時増刊号〟国策満州移民の知識』一九三八年一一月)。

この文章は、『国策満州移民の知識』に掲載された満州移住協会「満蒙開拓青少年義勇軍とは何か」の一節である。現地訓練終了後に独立農業者として満州に定着する。これが義勇軍であった。

一方で、満州移住協会は、『拓け満蒙』誌上に設けられた「満州移民の手引」というコーナーに掲載された「青少年訓練生の将来に就てお知らせください」という質問に対し、以下のような回答している。

渡満後約一ケ年間大訓練所の寄宿舎に入れ自治的生活のうちに、農業労働を中心とする修練を行ひ、必要な学科、教練及び武道を課し、体力と開拓精神を鍛錬します。この課程を終つたものは逐次、鉄路自警村、既設移民団、将来の移民根拠地等に設ける小訓練所等に転ぜしめ、独立年齢（凡そ満二十歳）に達する迄訓練をほどこし、然る後はその何れに於ても自由に独立の経営を行ふ事が出来る訳です。亦特別優秀の技能を持つてゐるものは、工業方面でも何でもその方面に進む道もひらけてゐます（『拓け満蒙』第二巻第一号、一九三八年一月）。

注目したいことは、「特別優秀の技能を持つてゐるのは、工業方面でも何でもその方面に進む道もひらけてゐます」という一節である。これは何を意味するのだろうか。

## 義勇軍の進路

図10は、一九三九年九月時点における「満州開拓青年義勇隊開拓訓練過程」を示したものである。

ここから、渡満後の義勇軍の道は、全員が同じコースを歩む単線型ではなく、いくつかのルートに分かれる複線型であったことがわかる。鉄驪・勃利・対店（四月に新設）・嫩江の大訓練所（寧安と孫呉は小訓練所に改組）や哈爾浜・一面坡《イーメンパ》・昌図の特別訓練所における一年間の基礎訓練を終えた義勇隊のその後のルートは、図に示されたように、①三〇〇人を標準定員とし、訓練所がそのまま開拓団に移行する甲種小訓練所、②甲種小訓練所を二カ所以上総合した常設の訓練所で、訓練を終了した義勇隊は「他ノ地ニ移動シテ開拓団ヲ組織」し、新たな義勇軍が入所する乙種小訓練所、③丙種小訓練所、④満鉄が満州一〇カ所に設営した満鉄鉄道自警村訓練所の四つがあった。

このなかで注目したいのは、「開拓訓練過程図」で、「特技（未設）実務訓練二ケ年」と

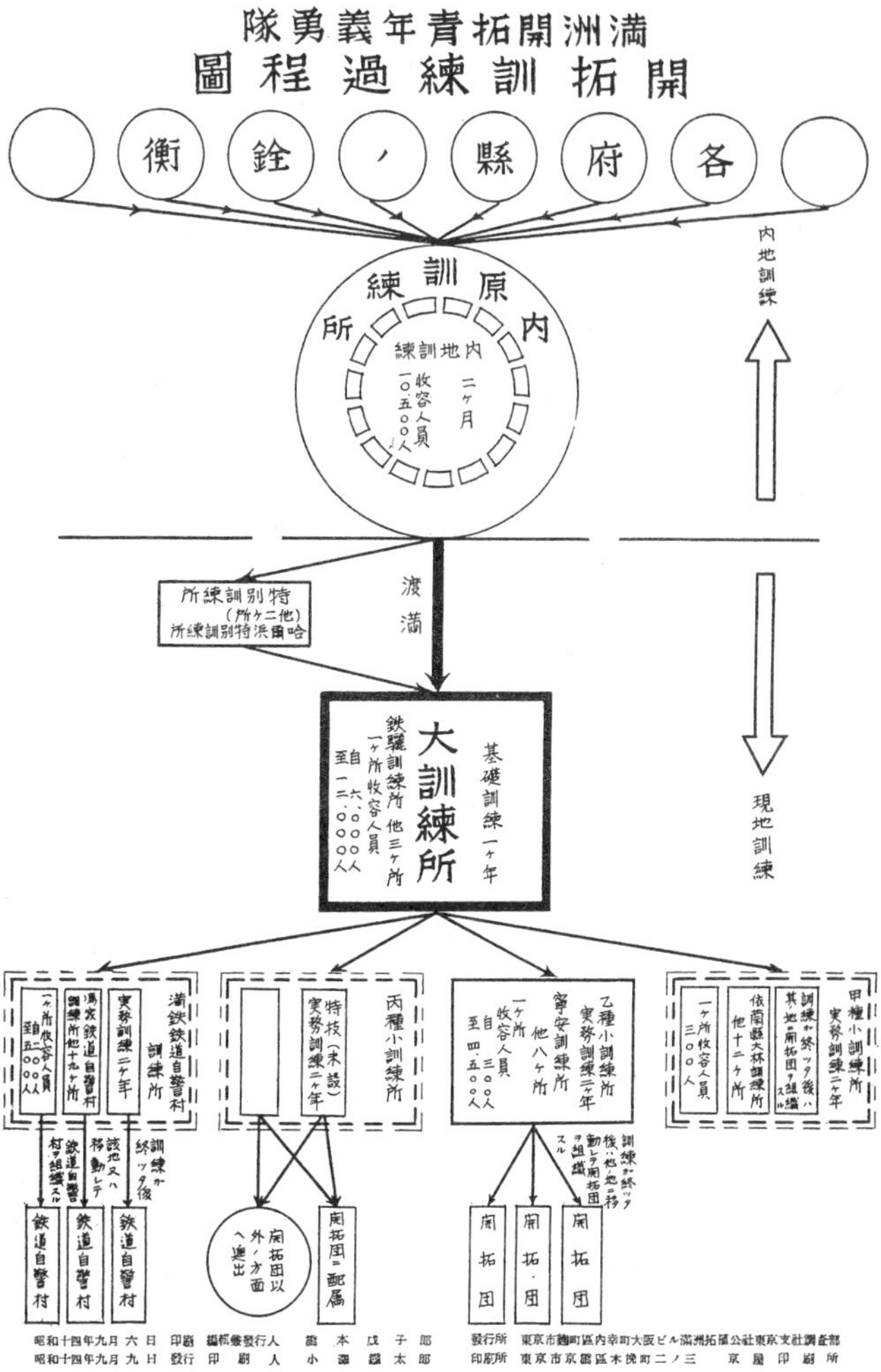


図 10 「満州開拓青年義勇隊開拓訓練過程図」（『満州開拓月報』第 2 巻第 4 号、1939 年 9 月）

空白となっている丙種小訓練所である。

「特技実務訓練」は、開拓団に移行する場合に必要な特殊技術者の養成を行うもので、特殊技能としては、獣医・畜産・トラクター・鍛工・装蹄工・建築工・建具工・桶工・縫工・ホームスパン（毛織工）・靴工・鞍工・測量・観象・通信・写真・グライダー・煉瓦工などがあった。

これに対し、この時点で図中で空白となっていたものは、開拓諸部門の各種指導者・技術者の養成や、満州国の国立大学・師範学校などにおける委託学生制度であった。訓練終了後の開拓団を理想農村とするためには、立派な開拓精神をもった指導員、医師、教員、獣医、技術者が必要で、これらの人材が丙種小訓練生の中から養成されたのである。丙種小訓練所への入所とその後の「開拓団以外ノ方面へ進出」というルートこそ、義勇軍に対して開かれていたキャリア・アップの道であった。

**丙種小訓練所**

では、丙種小訓練所とはいかなる施設であったのか。満州移住協会は、『新満州』のなかで、「丙種実務訓練所とはどんな訓練所ですか」という質問に対し、次のように回答した。

丙種実務訓練所は基本訓練の課程を経た者の中より、その一部をその適性、特質に応じて開拓農民以外のものとして特殊訓練を施すを目標とする訓練所です。これには次の二種類があります。

一、将来義勇軍や開拓団の指導員、医師、獣医及び教育者其の他の方面に進出せしむるべきものに対し基礎教育を施すもので、この訓練所は今度新しく設立されたハルピン嚮導訓練所がそれです。ここで二箇年みつちり基礎教育（中等程度）を施し将来医師たるべき者は佳木斯《ジャムス》医科大学、旅順医学校、教員たるべきものは開拓地教員養成所等に進学せしめ、勿論《もちろん》経費は政府負担です。又、成績特に優秀なる者は大同学院にも進まれます。

二、専門的な技術訓練を施し将来重要鉱工業部門に於ける基幹技術員を養成致します。目下開設されて居るこの種訓練所は吉林にあります（『新満州』第四巻第六号、一九四〇年六月）。

開拓農民以外の道に進む義勇隊に、適性と特質に応じて二種類の特殊訓練が準備されていたことがわかる。一つは将来義勇隊または開拓団の指導員・医師・教員その他の道を歩む者に基礎教育を施し、上級の専門教育を受ける根底をつくるもの、もう一つは専門的技術訓練を行って重要鉱工業部門などにおける基幹技術者を養成するものであった。

そして、その訓練施設となったのが、哈爾浜嚮《きょうどう》導訓練所と基幹技術者を養成する吉林鉄工実務訓練所であった。

哈爾浜嚮導訓練所は、哈爾浜特別訓練所内に一九四〇年六月に開設され、義勇隊訓練生の中から資質優秀なものを毎年三〇〇人選抜し、開拓諸部門の指導者となる特別訓練を二年間行った。訓練を終えたものは、義勇隊幹部にふさわしい高い見識・学識や技能を実地に即して教育する修業年限三年の国立開拓指導員訓練所本科の専門課程に進み、一部（医科・工科）は委託学生として満州国立大学に進学した。

これに対し、吉林鉄工実務訓練所は、一九三九年一一月に開設され、一年間の基本訓練を修了した訓練生に、工業開拓民としての特殊学科や技術を授けた。

## 上級学校への進学

他方、哈爾浜嚮導訓練所や吉林鉄工実務訓練所における訓練を経ず、上級学校に委託され就学する訓練生もいた。委託学生制度といわれ、鉄驪開拓地教員養成所・新京師範学校・旅順医科大学・哈爾浜医科大学・佳木斯医科大学・新京獣畜産大学・哈爾浜工業大学・新京工業大学に進学することができた。

満州移住協会が発行した義勇軍の募集冊子においても、国民学校高等科二年を卒業した者の中で「夫々の天分を持つ人でもまだ大学、専門学校に入学する資格に欠ける」人びとについては、哈爾浜嚮導訓練所—義勇軍は嚮導学校と呼んだ—に入所させ、「此処で二年間ウンと勉強をして、之を終へますと大体中等学校卒業と同等の資格が得られますので、それから夫々の大学、専門学校に入学させる者も出るわけです。学費や小遣其他一切は勿論日満両国政府で負担致しますので、本人の家庭では一文も負担する必要はありません」と解説した(『満蒙開拓青少年義勇軍の現地訓練と将来』)。

甲・乙・丙種の小訓練所は、一九四一年度から、日満両国の協力合作機関である満州開拓青年義勇隊訓練本部と満鉄が経営する義勇隊訓練所に統合され、同一訓練所における三年間の訓練(基本一年・実務二年)となるが、キャリア・アップや特技者養成の道はそのまま存続した。

以上のようなルートを歩むことができる者は義勇軍の一割程度で、しかも訓練所の所長や幹部の推薦が必要とされたが、キャリア・アップの道は確かに開かれていたのである。少年たちにとって、義勇軍・義勇隊制度に組み込まれた上級学校進学というキャリア・アップの道は、「義勇軍になる」ことを決断するうえで有力な要因となったと思われる。

# 学校と義勇軍

## 高等科教員の指導

義勇軍志望の動機は教師各位の指導によるもの七七％に及びたるは昨年の四七％に比し、如何に興亜教育の重大なるかを暗示するものである。拓務訓練を受けしものは五四四四名の五二％にして、昨年の五〇％に比し漸増の傾向にある。家庭又は親戚中に開拓民を出せるものは二四六三名の一七％を示し、家庭中義勇軍たらんことを反対するもの約半数ある中に母親は二五四一名にして二〇％に達するは、如何に母親に対する教育が緊要なるかを示すものである（『昭和十六年度第一次入所　青少年義勇軍身上調書一覧表　昭和十六年四月二日現在』）。

義勇軍送出に教育会・教員が本格的に関与した一九四〇（昭和一五）年度、教師の指導により義勇軍を志望したものは、前年度の四七％から七七％に激増した。「興亜教育」の名で、興亜（アジアを解放すること）を掲げながら実際はアジアに進出することを目的に実践される教育活動、拓務訓練への参加指導、母親の説得など、国策に対する使命感をもって行われた教員の指導が、義勇軍志望の動機付け（勧誘）のみならず、その後の募集・送出活動において重要な役割を果たしたのである。

なかでも小学校高等科（高等小学校）教員の指導は、義勇軍の募集・勧誘・送出結果と直結するため重要であった。

一九四〇年一月一五日、全国高等小学校教員会は日比谷公会堂において高等小学校興亜教育大会を開催し、「興亜大業達成上ノ重要国策ノ一タル満蒙開拓事業ハ主トシテ高等小学校出身者ノ力ニ俟《ま》ツモノ多キヲ以テ、之ガ教育ニ当リテハ特ニ大陸ニ関スル認識ノ深化ヲ図ルト共ニ拓務訓練ノ精神ヲ採入レ其普及振作ヲ期スル」という決意を表明した。全国高等小学校校長会長の下川兵次郎は、こうした決意を『新満州』に次のように寄稿した。

満州開拓青少年義勇軍一ケ年三万人送出の如きは、拓務省の実行すべき国策の如くでありますが、其の成否の実権は実に全国高等小学校に在りと言ふも過言ではないのであります。全国高等小学校卒業生は男児のみにても約四十八万を算するのでありまして、其の一割にも充たざる三万人の義勇軍を出す如きは、指導の任に在る者の熱意如何によつては、さして難事ではないのであります（『新満州』第四巻第三号、一九四〇年三月）。

また、七月一五日、全国高等小学校校長会は、日比谷公会堂で興亜理念強調大会を開催した。大会行事はラジオを通して全国に中継放送され、全国の高等小学校は「一斉に夫々その趣旨に則る行事を行ひ、教育者自体の認識、児童の啓蒙、父兄の理解を深めた」（『新満州』第四巻第九号、一九四〇年九月）。

さらに、七月二八日、全国高等小学校教職員を中心とした六〇〇人の教学奉仕隊が満州現地訓練所に派遣された。そして、一〇月一一日から三日間、満州移住協会が主催した「皇紀二千六百年記念《ママ》興亜教育講習会」に全国から六〇〇人の高等科教員を派遣した。講習会では大蔵公望《おおくらきんもち》満州移住協会理事長が「今日の難局打開の道は青少年の指導訓練にあり」と演説したという（『満州開拓年鑑　康徳七年版（昭和十五年）』）。

こうして教育会・学校をあげて興亜教育運動が推進された。

## 教育会と興亜教育運動

各府県教育会の中央機関である帝国教育会は、一九三九年度の通常総会（五月）で満蒙開拓青少年義勇軍内地訓練所を全国数カ所に増設することを建議し、六月から興亜教育の調査に着手した。そして、翌一九四〇年度の通常総会（五月）において、「東亜新秩序建設ニ関シ我国教育上執ルベキ方策如何」「東亜建設ニ当リ国内教育ヲ之ニ順応セシメル具体策如何」といった建議案をかかげ、「各都市、府県教育会、各学校等ニ於テ適宜大陸博物館、東亜研究所、興亜室等ノ施設ヲナスコト」「開拓錬成ノ機会ヲ設ケ体験ニ基ク発展的風潮ヲ振起スルコト」などを答申し、興亜教育運動の先導役を果たした（『帝国教育』第七四一号、一九四〇年七月）。

また、信濃教育会も加盟する関東連合教育会は、一九三九年一〇月に長野県師範学校で開催された第三五回総会において、「興亜国策遂行上国の施設《ママ》として学校教員を現地に派遣せられんこと」「興亜開拓の真理想実現の為、大陸進出青少年義勇軍訓練所並同教員養成機関を増設せられむこと」「青少年義勇軍の募集成績を挙ぐる為め、一層適切なる方策を樹立せられんこと」などの建議を採択した（『第三十五回関東連合教育会記録』、一九四〇年三月）。そして、翌年一一月、横浜市で開催された第三六回総会では、「興亜青年現地訓練施設ノ整備拡充ヲハカリ特ニ女子青年ノ現地訓練施設ヲ速カニ実施スルコト」「拓士予備訓練所ヲ各府県ニ設置シ拓植訓練ノ徹底ヲ期スルコト」、「青少年義勇軍ノ進出ニ協力スルコト」などを決議している（『第三十六回関東連合教育会議案処理報告』、一九四一年三月）。

興亜教育が国民学校の教育の中核となると、興亜教育運動は全国に波及し、各府県教育会においても興亜教育大会が開かれた。信濃教育会は一九四一年一一月七・八日の両日、臨時総集会として「興亜教育大会」を松本市で開催した。大会では、「満蒙開拓青少年義勇軍ノ一層信濃教育会機関誌堅実ナル進展」を図るための具体的施策を協議し、成果は「興亜教育特輯号」と銘打った信濃教育会機関誌『信濃教育』第六六二号（一九四一年一二月）に発表された。このなかで注目されるのが、青少年義勇軍送出のための「社会的施設」として、①義勇軍父兄会の全国的普及強化、②男女青年団興亜部の拡大強化、③配偶者の斡旋・送出家族の援助・義勇軍の慰問激励・現地視察を行う義勇軍後援会の結成、④「興亜母の会」の結成、⑤女子拓植講習会の実施の五つが明示されたことである（『信濃教育』第六六二号）。

## 波田小学校の興亜教育

帝国／関東連合／信濃教育会における興亜教育運動の高まりのなか、各学校においても興亜教育が実践された。学校を挙げての興亜教育は義勇軍の送出実績と直結したので、『拓け満蒙』は興亜教育の先進校をしばしば紹介した。その一つが、東筑摩郡波田《はた》村（現松本市）波田小学校である

義勇軍送出二年目にあたる一九三九年、波田小学校の義勇軍は、前年度六人の約五倍、高等科二年生の約半数にあたる三一人であった。割り当て数の三〇人を上回る送出は長野県でも話題となり、三月一一日付『信濃毎日新聞』は、「高小卒業の半数　腕組んで大陸へ　熱意実を結ぶ痛快事！」という見出しを掲げ、その快挙を報じた。

終戦までの波田小学校の義勇軍の送出数は七九人で、一九四〇年・四一年度とも一五人を超えて義勇軍を送出した。続柄は長男が一九％を占め、兄弟で訓練生になった者は二五％に及んだ。家庭の経済状況は「中堅家族」が多く、「これほど経済的に余裕のある家庭から義勇軍に参加していることは大変特徴的」とされる（「満蒙開拓青少年義勇軍と学校教育─長野県波田小学校を事例として」）。

この背景には、義勇軍送出や興亜教育に熱心で、『信濃教育』にも何度か論考を寄せた

野村篤恵校長と宮川寿幸訓導の存在が大きかった。宮川によると、皇国精神の徹底・講演会・拓植科の設置・現地研究・映画宣伝・パンフレット発行・『新満州』の購読などと家庭訪問により「移住の必要を説き、義勇軍参加を勧め」た。その結果、卒業成績一番・二番・四番の生徒が「いづれも義勇軍志願」になったという（『新満州』第三巻第八号、一九三九年八月）。

一九四〇年一月、宮川は、満州移住協会が主催した「興亜教育の実際を聴く」という座談会に、富士小隊の生みの親である静岡県富士郡（現富士宮市）大宮小学校の上杉増太郎校長とともに「革新的な興亜教育」の実践者として出席した。ここで宮川は、波田小学校の興亜教育を、「国家永遠の発展を期するには、我が民族はどうしても大陸の空地に行つて土着して其処から彼等民族と接触して本当に大陸日本を建設する心が生れて来る」という結論にもとづき実践したことを述べている（『新満州』第四巻第三号、一九四〇年三月）。

こうして波田小学校は、「国策に順応して開拓政策の意義を逸早く認識し、義勇軍運動に努力し多数有為な少年を鍬の戦士として送り出した功績」により、広島県呉市東高等小学校・山口県防府市西浦小学校とともに、四月、満州移住協会から「感謝状」を受け「興亜教育の先進校」と認められた（『新満州』第四巻第五号、一九四〇年五月）。

その後、野村と宮川は、「夙《つと》ニ興亜教育ニ専念シ満蒙開拓青少年義勇軍送出ニ当リテハ常ニ優秀ナル成績ヲ収メ以テ本事業発展ニ寄与セル所甚ダ多シ」という理由により、一九四四年一二月八日、長野県開拓協会長・長野県満蒙開拓青少年義勇軍本部長名で「感謝状」を授与されている（『信濃開拓時報』第一〇号、一九四五年五月）。

## キャリア・アップ教育

では、こうした興亜教育や教師の指導において、上級学校への進学という義勇軍を志望する少年の心を揺さぶるキャリア・アップ教育は、どのように行われたのだろうか。このことに関し、全国連合国民学校高等科校長会は、みずから編集した『拓士教本』において、以下のように説明している。

義勇軍は既に所謂《いわゆる》移民でなく、正に世界無類の企《くわだて》であつて、実は身体を鍊磨し、知識技能を育成するもので、内地に於ける陸軍幼年学校と農学校を併せたる如き学校である。而《しか》もそれは総て官費であり、更に将来をも保証せられてゐるのである。これ以外他に斯くの如く優遇せられたる学校があるであらうか。三年間の訓練を終へた青少年は、国家の干城《かんじょう》として兵役に服することゝなるが、義勇軍の人達は現地服役を本則とされて居る。その光栄ある任務を果し終ると夫々《それぞれ》独立し、耕地十町歩、更に牧草地若干を所有する自作農として一戸を構へ、新天地の開拓士、五族協和の選士として邁進することゝなるのである（『拓士教本』）。

陸軍幼年学校は、現役将校を養成する機関である陸軍士官学校、および陸軍予科士官学校の予科的性格をもち、露・仏・独の外国語をも重視した中学校程度の課程を持つ学校である。一九四〇年前後は、東京陸軍幼年学校に加え各地に陸軍幼年学校が開校したとはいえ、合格倍率は一〇倍を超え、授業料は納金制、糧食被服費などは私費であった。

一方、農学校は地域の農業教育の中心となった中等農業教育機関である。長野県内には、農業・農林・農蚕・農商・農拓・蚕業・山林などの名称が付けられた農業学校が三〇校設立されていた。

「陸軍幼年学校と農学校を併せたる如き学校」という義勇軍の性格—「鍬の戦士」—を象徴するような教育を、「総て官費」で受けることができ、さらに「耕地十町歩」という「将来をも保証」される。このような勧誘文句が、内地では上級学校への進学をあきらめざるを得なかった成績上・中位者に国民学校高等科教員から投げかけられたのである。

## キャリア・アップ教育への警告

こうしたキャリア・アップを前面にかかげての義勇軍募集に対し、違和感を抱く教員もいた。一九四一年三月に次年度の義勇軍幹部候補生として満蒙開拓幹部訓練所に入所し、浜江省葦河《いか》県三道沖河《けんさんどうちゅうか》で訓練中であった飯田市飯田小学校浜井場《はまいば》部の原為二は、信濃教育会興亜教育大会を前に、「現地訓練便り」を『信濃教育』へ寄稿した。「現地訓練便り」は、「義勇軍生徒」「指導員候補生の送出編成」「開拓事業一般」について三三ページにも及ぶ報告書で、興亜教育大会の記録集となった『信濃教育』第六六二号(「興亜教育特輯号」)に収録された。

このなかで、「義勇軍生徒」について、原は次のように記している。

義勇軍は、どこまでも、将来義勇隊開拓団となつて、理想農村を建設することに邁進し、大陸に骨を埋め、以て大東亜共栄圏の確立の礎石となるのを本義とする。従来ともすれば、義勇軍に入つて居れば、将来満州で軍人になるにも、満鉄社員となるにも便であり、運転手にもなれ、グライダーにも乗れ、大工左官にもなれ、トラクターをも運転出来るといふことなどを述べて募集する向きもあつた。然し、之はひとごとでない。事実自分も之に近い考へを持つたこともあり、それを他人にも語つたことがある。が之は邪道である。この点信州郷土中隊幹部も痛切に故郷に伝へてほしいと云つてゐた。義勇軍は飽くまで、満州で百姓になるのが其の使命である（中略）。決して単に軍人や運転手等になる為ではない。目的完成に資する為の手段方法を以て目的となし、義勇軍参加をそれら特技職能家たる為の手段と考へてゐたことは正に邪道も甚しいと云はねばならぬ（『信濃教育』第六六二号、一九四一年一二月）。

義勇軍参加を「特技職能家たる為の手段と考へ」ることは、なぜ「邪道」なのか。義勇の使命が「満州で百姓になる」ことであるからか。事実この頃、「農業以外の方面に進出出来ると云う募集の際に言はれたことに吊［釣］られてきた」者のなかに、「俺は農業をやるのは嫌だ、工業方面へ行くのだ。商業の方面に行くのだと云つて全然農業に身を入れないで、毎日々々ぶら〳〵してゐる」者が現われていたのである（『開拓』第五巻第七号、一九四一年七月）。

義勇軍募集・送出の手段として最大限に利用したキャリア・アップ教育が、渡満後の現地訓練において弊害となっていたのである。原はこのことに警告を発したのである。

## 義勇軍になった教員

原為二は、伊那町（現伊那市）伊那小学校在職中に「教員赤化事件」に関係して休職処分を受け、その後、復職した教員である。東茨城郡下中妻村鯉渕の満蒙開拓幹部訓練所での基本訓練と内原訓練所勤務をへて、長野県で最初の試みである「長期研修生」として満州現地訓練所で基本訓練と中隊長見習勤務中であった。

翌年一月に帰国した原は、「昭和一七・二・一五　シンガポール陥落の夜」という日付で記した「義勇軍内原入所時の携帯品について」と題する文章を『信濃教育』（第六六五号、一九四二年三月）に寄稿し、「生徒が内原入所の際に携行して来てほしい品物」を詳しく解説している。

その後、原は五月に第三大隊第四一中隊長として伊拉哈訓練所に入所した。この年長野県から送出された四個中隊のうち、原中隊と、鉄驪訓練所に入所した第三大隊第四二中隊（久保田越三中隊）、一面坡特別訓練所に入所した第三大隊第四四中隊（橋詰正三中隊）の三中隊で、第五次信州綜合義勇隊開拓団（久保田団長・一九四五年四月開設）が編成されることになる（『長野県満州開拓史　各団編』）。

義勇軍に対する原の熱意がどこから発せられたものなのか。この点に関し原は何も述べてはいない。「現地訓練便り」を読む限り、そこには義勇軍の送出に対する原の真摯な姿勢と情熱があふれている。こうした原の姿を、「「アカ」のレッテルを貼られ、将来の出世の道を断たれたと思った為二」が、「義勇軍の指導者としてやっていこうという道を選んだ」（「時代の波に翻弄された青年教師　原為二の生涯」）結果と結論づけるのは的確でないように思われる。原について、第五次信州綜合義勇隊開拓団員の一人は、「抱擁力があって反面几帳面な師と頼むには、申し分のない先生だった」と述べている（『満州開拓青年義勇隊久保田中隊顛末記〝呼蘭《こらん》〟』）。

一方、久保田と橋詰はなぜ中隊長となったのか。一九四一年度、久保田は宮川寿幸とともに波田国民学校高等科二年の担任で、一二月に教学奉仕隊（第二回派遣）として渡満した。中隊長を要請したのは、東筑摩教育部会幹部で波田国民学校父兄会長でもあった西筑摩郡洗馬《せば》村（現塩尻市）洗馬国民学校酒井治左衛校長である。この年、波田国民学校からの義勇軍は一四人を数えた。

橋詰もまたこの年、須坂町(現須坂市)須坂国民学校高等科二年担任で、前年七月に下高井教育部会から「満州教員奉仕隊」として満州に派遣されている。中隊長を要請したのは満州開拓に熱心であった校長の清水虎太郎で、橋詰は「国策に対して、身を挺して生徒とともに、理想農村の建設に邁進しなければと、誠意をもって校長のすすめに従った」という(『長野県満州開拓史　各団編』)。

久保田や橋詰のように、教学奉仕隊に参加したのち、義勇隊中隊長・開拓団幹部として渡満した教員は四人を数えるという(「満州開拓青年義勇隊教学奉仕隊と教員たち(下)」)。

# 義勇軍へのいざない

# 人的ネットワーク

## 応募動機

表2は、『自昭和十五年度　至昭和十七年度　満蒙開拓青少年義勇軍身上調査統計』に収録された「第一次入所郷土部隊身上調査表」の「応募動機別調」について、冒頭で掲載した義勇軍府県別送出番付（図1）における東西上位三県の数字をまとめたものである。「応募動機別調」の種別においても、先生（教員）と回答したものが七〇％以上（長野県は八〇％）を占めている。

だが、ここで注目したいことは、人数は少ないとはいえ、父兄・友人・官公吏、新聞・雑誌・ラジオ・ポスター・講演・映画などと回答

査表　応募動機別調

| ター | 講演 | | 映画 | | 其他 | | 計 | |
|---|---|---|---|---|---|---|---|---|
| 17 | 16 | 17 | 16 | 17 | 16 | 17 | 16 | 17 |
| 0 | 27 | 33 | 8 | 40 | 0 | 1 | 750 | 971 |
| 1 | 47 | 12 | 4 | 3 | 0 | 2 | 479 | 557 |
| 0 | 14 | 11 | 5 | 2 | 0 | 0 | 438 | 328 |
| 0 | 21 | 69 | 1 | 4 | 0 | 4 | 735 | 859 |
| 0 | 24 | 8 | 1 | 0 | 0 | 0 | 330 | 168 |
| 0 | 31 | 33 | 3 | 2 | 0 | 0 | 497 | 475 |
| 29 | 549 | 583 | 99 | 136 | 32 | 20 | 12465 | 12371 |

17年度　満蒙開拓青少年義勇軍身上調査統計』

| 昭和 16 年度<br>昭和 17 年度 | | 第一次入所郷土部隊身 | | | | | | | | | | | | | |
|---|---|---|---|---|---|---|---|---|---|---|---|---|---|---|---|
| 種別 | | 先生 | | 父兄 | | 友人 | | 官公吏 | | 新聞 | | 雑誌 | | ラジ |
| 年度 | | 16 | 17 | 16 | 17 | 16 | 17 | 16 | 17 | 16 | 17 | 16 | 17 | 16 |
| 県名 | 長野 | 611 | 783 | 55 | 78 | 15 | 17 | 2 | 2 | 13 | 7 | 12 | 7 | 7 |
| | 山形 | 345 | 433 | 40 | 68 | 24 | 11 | 2 | 5 | 7 | 4 | 10 | 17 | 0 |
| | 福島 | 227 | 266 | 34 | 36 | 19 | 7 | 12 | 2 | 9 | 0 | 14 | 3 | 2 |
| | 広島 | 653 | 672 | 28 | 33 | 16 | 29 | 3 | 5 | 2 | 5 | 7 | 18 | 3 |
| | 熊本 | 260 | 116 | 30 | 31 | 6 | 6 | 5 | 0 | 1 | 0 | 3 | 7 | 0 |
| | 山口 | 364 | 380 | 26 | 41 | 24 | 10 | 24 | 3 | 4 | 3 | 16 | 3 | 3 |
| 計（全府県） | | 9610 | 9390 | 1029 | 1333 | 411 | 329 | 157 | 112 | 194 | 131 | 277 | 253 | 72 |

表 2 「第一次入所郷土部隊身上調査表　応募動機別調」（『自昭和 15 年度　至
より作成。計の数字は史料のまま）

した者もいることである。このことは、義勇軍の志望・応募動機に先生（教員）の指導は多大な影響を与えたが、それがそのまま義勇軍送出に直結したわけではないことを物語る。義勇軍の応募を学校に要請する役場・青年団などの官公吏、義勇軍の送出を支持・支援する父兄、義勇軍の生活を後輩に語る先輩義勇隊など人的ネットワークや、新聞・雑誌・ラジオ・ポスター・講演・映画などメディアから発出される義勇軍の情報など、義勇軍の募集・送出にはさまざまな装置が必要だったのである。

## 官公吏

一九三八（昭和一三）年度、五人の義勇軍割り当てがあった南佐久郡切原村（現佐久市）は、先遣隊と本隊に一人も応募者が現れなかった。そこで村は、『切原時報』第四九号（二月二〇日）に「少年義勇軍に参加せよ」と題する「随想」をかかげ、「鍬執る勇士、満《ママ》防共陣営に参加せんとする少年無きにしも非らざるに、周囲の人達の無理解から折角の勇途を冷たくしてしまうのは余りに残念だ」「本隊募集迄には是非考へて貰ひたい」と、義勇軍の応募を呼びかけた。

　そうしたさなかの三月一〇日、「目下学校卒業期ヲ控へ居候条、貴市町村配当人員ハ今回ノ募集ヲ以テ完了スル様、格段ノ御配慮相煩度候」という内容の学務部長名の通牒が、村長・学校長・在郷軍人分会長・青年団長らに出される（『長野県報』第一一四一号、一九三八年三月一〇日）。その結果、三月二一日を締め切りとする第二回本隊の募集に、切原小学校を卒業し、青年学校に在籍していた三人が応募した。義勇軍を一人も送出しないのは村の不名誉だと、海野正興村長・菊池保雄学校長や青年学校教員を中心に、青少年やその父兄に対して行った熱心な勧誘が功を奏したのである。

　図11は、そのなかの一人の願書である。おそらく、ひな型の文章を丁寧に筆写したであろう、きれいな毛筆から、真面目な人柄が浮かび上がる。

願書

私儀　目下募集中ノ青少年義勇軍ノ班ニ加ハリ　心身ヲ練磨シ日本精神ヲ発揚シテ満蒙開拓ノ業ニ従ヒ　一身ノ運命ヲ開拓スルト共ニ　内地人口ノ増殖　農村経営難ノ緩和ニ資シ　日満支協和ニ依ル東洋永遠ノ平和ノ為ニ貢献仕リ度候間　何卒御取計ラヒ被下度　此之段及御願候也

昭和十三年三月二十八日

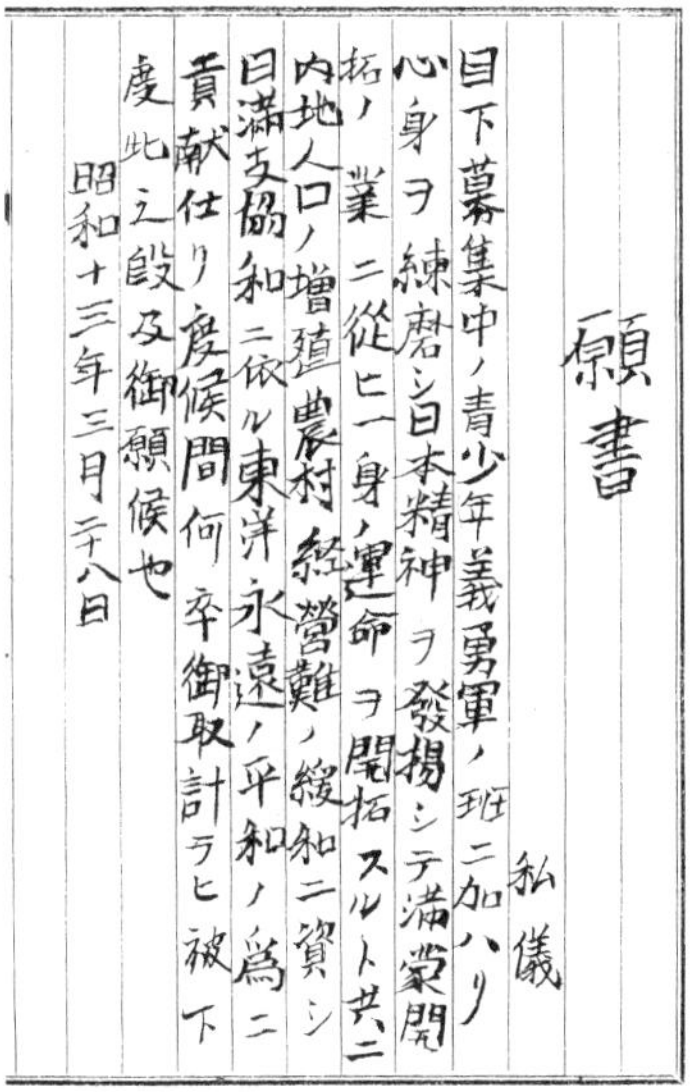

願書
私儀
目下募集中ノ青少年義勇軍ノ班ニ加ハリ
心身ヲ練磨シ日本精神ヲ發揚シテ満蒙開
拓ノ業ニ従ヒ一身ノ運命ヲ開拓スルト共ニ
内地人口ノ増殖農村経営難ノ緩和ニ資シ
日満支協和ニ依ル東洋永遠ノ平和ノ為ニ
貢献仕リ度候間何卒御取計ラヒ被下
度此之段及御願候也
昭和十三年三月廿八日

図 11　本人直筆の願書（旧切原村役場文書『移民書類　昭和 17 年』佐久市教育委員会所蔵）

六月一日、午後八時から切原小学校で、青年学校・青年会・処女会合同の「満州国開拓青少年義勇軍壮行会」が開かれた。その後、三人は、三日午前八時から校庭で行われた歓送会ののち、男女青年学校生徒全員と村長・在郷軍人分会長らの見送りを受け、小海線三反田駅から集合場所である長野市に向け出発し、象山神社での祈願祭、蔵春閣での壮行会を経て、午後九時、内原に向かった。この時、「長野県産純絹製日満国旗」が掲げられた。

村長・学校長・青年学校教員らによる勧誘、『切原時報』を通しての宣伝など、官公吏による募集活動により、切原村最初の義勇軍が送出されたのである。

海野村長による義勇軍の勧誘はその後も続いた。切原小学校『学校日誌』には、「村長少年義勇軍追加募集勧誘ニ関スル用件ニテ来校ス」（六月六日）、「青校召集」「村長ヨリ義勇軍勧誘ス」（七月二二日）などの記載が見え、村長が義勇軍勧誘のためにたびたび小学校を訪問したことがうかがえる。

また、海野村長は、『切原時報』第五四号（一九三八年六月一八日）に、「大いに青少年義勇軍に参加せよ」と題する「雑感」を寄稿し、「村内の各家の二男三男乃至五六男は奮つて之れに参加して貰ひたい。少さな天地で猫額大の土地を奪ふ、所謂零細農になつて一生をみじめに暮し、或は商店奉公して独立するも狭い土地で同業者は多く、到底前途に見込の得られぬ所で、苦労するよりも政府の援助を得て新天地に活躍する方がどの位生き甲斐があるか知れぬ。どうか父兄も、青少年諸君も、熟慮して断行あらんことを熱望する」

と述べ、さらに第五九号（一二月一〇日）では「大いに躍進せよ」と題し「本村からは農業移民が八名、義勇軍指導員一名、少年義勇軍三名、軍人一名、官吏二名、組合職員一名、其他一名出てゐるが、こんな位では心細い、宜しく村民各位は目前のことばかり考へずに偉大な抱負を以て前進して貰ひたい」と檄《げき》を飛ばした。

しかし、この年、切原村から送出された義勇軍は結局この三人だけであった。村長と小学校が連携した官公吏による義勇軍勧誘にも限界があった。

## 義勇軍父兄会

父兄は義勇軍の送出において、どのような行動をしたのだろうか。

波田小学校には波田村満蒙開拓義勇軍父兄会という組織があった。名称は父兄会であるが、会長に村長、副会長に学校長と助役、主事に拓務係、世話係に高等科担任団、理事・会計・幹事に父兄が就くなど、村・学校・父兄が三位一体となった組織で、送出義勇軍の激励慰問、満州開拓に関する講演会・研究会・座談会の開催、送出家族との連絡、激励慰問団の組織など幅広い活動を行った（「満蒙開拓青少年義勇軍と学校教育―長野県波田小学校を事例として」）。

送出義勇軍の慰問、義勇軍送出に難色を示す父兄の説得役など、義勇軍を送り出す強力な後ろ盾となっていることがうかがえる。

三一人の義勇軍を送出した翌一九四〇年九月、波田小学校の義勇軍父兄会は、送出義勇軍を激励慰問するため現地視察を実施した。これは、義勇軍を送出した父兄の中から不安や苦情を訴える者が現れたこと、隣村が送出した義勇軍訓練生三人が内原訓練所を退所して、義勇軍を否定する「デマ」が飛んだことにより、急遽計画されたものである。一人当たりの経費の半額にあたる五〇円は村から補助された。九月一五日から一八日間にわたり行われた現地視察は、高等科一年担任の山下一が三八人を引率し、三一人が入所している勃利大訓練所をはじめ、弥栄村、哈爾浜・一面波両特別訓練所などを視察し、一年四カ月ぶりに親子兄弟が対面した（『開拓』第五巻第一二号、一九四一年一二月）。

宮川は、この現地視察を次のように述べている。

> 全員今までの疑惑一掃し、満州の地に大希望を有し、義勇軍の現況に満足し感謝して帰る。かくて将来自ら彼の地に渡らんとする者殆んど全員に及ぶ（中略）。本年義勇軍へは先年送出の弟全部参加す。更に郡下及び県下の各校に招かれて実地観察談を

なし、送出に助力する所大なるものがあつた（『信濃教育』第六五八号、一九四一年八月）。

やがて、義勇軍父兄会による現地視察は、満州移住協会により、全国の義勇軍父兄を対象とした「義勇軍激励隊」として結実する。満州移住協会は、全国各道府県から二人ないし四人、合計一二〇人の「拓士の父」を選んで「義勇軍激励隊」を編成し、四班に分けて一五日間の日程で「我が子の平和の職場を見せ、一日の生活を共にさせた」。第一班が下関を出発したのは一二月二〇日であった（『満蒙開拓青少年義勇軍概要』）。

役場と学校を挙げ、役場吏員・教員・父兄が三位一体となって行う興亜教育運動が、義勇軍送出の強力な要因となったことがわかる。

## 「義勇軍の夕」

義勇軍の募集・送出活動が成功するためには、村長・小学校・父兄だけでなく、地域の人びとの理解と協力が不可欠となる。そこで、満州移住協会が提唱したのが、「義勇軍の夕」という催しであった。満州移民政策が農山漁村経済更生運動に位置づけられ、役場・

学校・農会・産業組合の役職者が先頭にたって推進し成功したように、男女青年団が中心となって隣組や部落会・町内会を利用して、義勇軍の募集・送出が行われたのである。

隣組は、一九四〇年一〇月、政府の通達にもとづきつくられた大政翼賛会の最末端の協力組織で、隣保班ともいわれた。隣組の上に置かれた組織が部落会（村落）と町内会（都市）である。部落会や町内会で開かれた常会を活用して、「国民全体が義勇軍運動を理解してこの運動に協力して戴く」ことが奨励された。

満州移住協会宣伝部が示したひな型によると、「義勇軍の夕」は、次のような次第で開催されることとされた。

一、開会の挨拶　　青年団支部長

二、「われらは若き義勇軍」「開拓行」「満州開拓行進曲」　全員斉唱

三、朗読

（イ）義勇軍から来た手紙　　小学校高等科二年生

（ロ）菅野正男作「土と戦ふ」の一節　　青年団員

四、講話「満蒙開拓青少年に就て」　学校長・教職員

五、「開拓花嫁の歌」　女子青年団員一同
六、戯曲朗読、紙芝居、映画上映
七、義勇軍送出に関する事項　部落・町内担任教員
八、閉会の挨拶　女子青年団長

「土と戦ふ」とは、一九三八年四月に第一次先遣隊として渡満した菅野正男《かんのまさお》が、義勇地生活を『新満州』第三巻第五号（一九三九年五月）に発表し、翌一九四〇年一月に満州移住協会から出版された作品である。文部省推薦図書に選定され、第二回農民文学賞を受賞した。義勇隊のなかには、菅野のように、文芸・工芸・音楽・詩歌・漫画などの芸文活動で才能を発揮するものもいた。こうした芸文活動も義勇軍へのいざないとなったと思われる。

次第の中で最も重視されたのが、「七、義勇軍送出に関する事項」である。ここでは、「昭和十六年度郷土中隊編成運動に関する件」「郷土出身○○君の激励慰問に関する件」などを説明する際には、「義勇軍運動協力の具体化を計るように仕向け」、そのためには「部落内（町内）民から協力を願ふかを明瞭に研究」することが重要とされた（『開拓』第五

巻第二号、一九四一年二月)。

義勇軍の送出は、常会でも重要なテーマであった。各月の「常会徹底事項」には、しばしば「青少年義勇軍の送出」が採り上げられている。

## 義勇軍の語り

一九三九年一一月、前年度に渡満した三万人の義勇軍を代表し、義勇隊訓練所から各道府県一人ずつ推薦された成績優秀な義勇隊四七人が、「満蒙開拓青少年義勇軍現地報告隊」として帰還し郷土報告会を行った。このなかには菅野正男もいた。

一二日に新潟港に着いた一行のスケジュールは、拓務省での歓迎会(一二日)、明治神宮・靖国神社参拝と宮城遥拝(一三日)、ラジオで現地報告(一四日)、「郷土報告会」(一五日〜一二月一八日)、内原訓練所訪問(二〇日)、橿原《かしはら》神宮境界拡張整備の勤労奉仕(二二日)、満州帰還(二六日)であった。隣県同士の二人一組で二四班に分かれ、約一カ月にわたり行われた郷土報告会は、故郷の親たちや青少年に対する「口から耳へ」の報告会とされ、「一般大衆の大陸認識を昂揚」させる機会と位置づけられた(図12)。

長野県代表の内藤寛は、内原訓練所で行われた座談会において、「満州の土地は非常に

図 12 「君等を迎へに帰つたぞ 満蒙開拓青少年義勇軍現地報告隊 続」(『写真週報』第 93 号、1939 年 11 月 29 日)

広い。我々後輩が本気で此土地を耕さなければならぬといふやうなことを段々感じて来たのであります。我々が着いて第一に広い平野を見まして、是なら内地の自分の友達に手紙を出して渡満を勧めても宜いと思ひました」と述べている(『新満州』第四巻第二号、一九四〇年二月)。

一一月、四人の割り当てに対し一人も志望者がなかった下高井郡の小学校高等科教員は、児童を引率し、須坂町(現須坂市)に来た内藤を訪れた。

子供達は内藤君の男らしい態度を見、意気に感じ、見識の高さに打たれた。義勇軍の健康にはちきれさうな元気に安心した。報告の中に挿むユーモアに笑ひこけながらも、義勇軍の生活が如何に明るいものであるかを察する事が出来た。現地報告一行と面接してからは一層心が定つたらしく父兄会の当日は、既に一名の決定者があつた。どの父親も母親も「子どもがせがんで、如何《どう》したらよいか困る」と言はれた。殆ど全部の子供が義勇軍に出して欲しいと父母に頼んだ。

「生きてゐる義勇軍に親しく会ふ」という担任のねらいは的中した。ところが、その後、決定していた一人も含め、すべての生徒が志望を覆した。「組全体が義勇軍を志望」しているにもかかわらず、大部分の家庭が「拒否」したからである。そこで担任は、長男・病弱者・「意志薄弱と思へる子」・「甚しく分らず屋の父母をもつ子」を除き「残つた十四五名の子供だけを候補」にして再度説得する。講演会や映画上映など、「村としても、学校としても能動的に働きかけ」、一月中旬には三人が決定しそれから続いて七人が加わった。

このエピソードは、義勇軍を志望した生徒の作文とともに、「義勇軍を送るに際して」と題して『信濃教育』第六四三号（一九四〇年五月）に掲載された。義勇隊の語りが効果的であること、義勇軍募集は粘り強く行うこと、村や学校を上げて義勇軍送出を行うことなどが、『信濃教育』誌上を通じて長野県の教員に伝えられたのである。

義勇軍の「母国訪問」は、翌一九四〇年にも行われた。紀元二千六百年慶祝のため六月一五日門司港に上陸した「青年義勇隊母国派遣隊」二〇〇人は、宮崎・橿原両神宮の参拝をへて、二三日に宮城遥拝と明治神宮・靖国神社で奉納吹奏を行った。二六日に内原訓練所を訪問したのち、二七日から一二日間「父母の膝下」に過ごし、七月一一日、敦賀港から帰満した。「真黒に日焼した顔、逞しい体躯に頼母しくも成長した鍬の戦士に送る帝都市民の熱誠の歓呼は、行進の行く処感激の坩堝《るつぼ》と化した」という（『新満州』第四巻第八号、一九四〇年八月）。

義勇軍現地報告隊に選抜されたのは、優秀な義勇隊であった。顔の見える義勇隊の語りは、新聞紙上で「口から耳へ」の報告会と報じられ、義勇軍募集に多大な効果があったと思われる。

## 描かれる義勇軍

### ジャーナリズム

新聞・ラジオ・雑誌・ポスター・映画などのジャーナリズムも、義勇軍送出に貢献した。一九三九（昭和一四）年一一月に発行された『満州開拓月報』第二巻第六号に掲載された「開拓事業宣伝紹介に関する内地最近の概況」では、以下のように報告されている。

まことすさまじきものは最近における内地開拓熱の異常なる昂揚である（中略）。雑誌、新聞、図書その他の類似刊行物乃至ラヂオ、博覧会、展覧会、演劇映画等およそヂヤーナリズムの名で包括される如何なる分野、圏層においても主題としてこれが採上げられざるものはなく、いまやヂヤーナリズム自体がその本来的欲求より争つてこれを自己内に摂取抱擁せんとする積極的気魄さへ看取されるのである（中略）。

とに角、ヂヤーナリズムと結びついた内地開拓熱の現況はすさまじいといふもおろかなる次第である。勿論ことこゝに至るについてはこの事業のもつ性格的多面性並に緊迫性に負ふところ多大なるはいふまでもないが、それにもましてこれを推進させる滑車として働いた官民関係の一体的協力による功績を没することはできない（『満州開拓月報』第二巻第六号、一九三九年一一月）。

「官民関係の一体的協力」のもと、新聞・ラジオ・雑誌に代表されるメディアが、国民の満州移民熱を煽ったのである。

**新聞**

ジャーナリズムのなかで、義勇軍の募集・送出に最も影響を及ぼしたのは、多くの人々の目に触れる新聞であった。新聞に掲載された青少年義勇軍関連記事、とりわけ記事や写真で報じられる義勇軍の意義や郷土小隊・中隊の記事は、義勇軍をいざなう重要な装置となった。

義勇軍先遣隊員の全氏名を掲載するなど、義勇軍送出を詳しく報じた『信濃毎日新聞』において、最初の青少年義勇軍特集記事は、一九三八年五月五日付の「青少年義勇軍　訓練生活の一日」と題する記事である。端午の節句にあわせて掲載されたと思われる記事では、渡満した先遣隊に続き、「長野県選抜健児五百余名」を含む約二〇〇〇〇余人の本隊の訓練の様子が、紙面の三分の二を割いた「移植民特輯欄」に写真と文章で紹介された。

『信濃毎日新聞』の記事で注目されるのが、一九三九年三月一日付の「戦時下・青少年就職座談会（二）」と題する記事である。学校長・訓導や職業紹介所長らによる座談会では、義勇軍を志望しながら「母親は先頭で猛反対」している事例が紹介され、青少年の就職先の一つである義勇軍の送出に反対する母親の説得が課題であることが報告されている。

また、六月一五日付の「移植民特輯欄」では、小諸出身で満州拓植委員会事務局長であった稲垣征夫《まさお》の「移民信州に愬《うった》へる」が掲載された。「群抜く長野県　量質ともにこの成績」という見出しが掲げられた論稿のなかで稲垣は「一言にして尽せば「満州移民は長野県より」の標語の成立するが如き、質及量共重大な役目を果して来た」と述べ、「満州開拓青年義勇隊」にも多大な期待を寄せた。

さらに、送出数が大きく減少した一九三九年度の不振を挽回するかのように、「内原訓練所視察記」と題する記事が、一九四〇年三月三〇日付から三日連続で掲載された（図13）。

記事では、「満州偲ばす練兵場　栄養与へ訓練完璧」（三〇日）、「〝監獄部屋〟とはデマ反対だつた母を漸く承知さす」（三一日）、「現地観察者のデマ　之が最も怖し」（四月一日）という見出しを掲げ、義勇軍の送出に障害となる事例が報告されるとともに、「医者・教員にもなれる　義勇軍の前途に新しき道」という見出しを掲げ、拓務省が「只農業のみによる生活経営の方針を改め、優秀なる義勇軍の中から医者、教員、獣医等をドシ〳〵養成し、之を全満へバラ撒く」ことになったことを報じた（五月一八日付）。『信濃毎日新聞』における義勇軍記事は、その後も続く。先遣隊や第一回本隊の送出時

"監獄部屋"とはデマ
反對だつた母を漸く承知さす
内原訓練所視察記（中）
本縣出身の健兒座談會

図13「内原訓練所視察記（中）」（1940年3月31日付『信濃毎日新聞』）

のように、隊員の氏名が掲載されることはなくなったが、渡満壮行会の様子は写真とともに、詳しく報じられている。

最後の記事は、一九四五年三月三日付の「〝若き拓士〟の進発　七百余名の義勇軍」である。この義勇軍訓練生は、結局、渡満することなく、内地で終戦を迎えた。

## ラジオ

優れた速報性から満州事変後、急速に受信契約数を増加させたラジオも、新聞とならび多大な影響を与えたものと思われる。

表3は、一九三九年四月から九月までの半年間の満州開拓関係ラジオ放送一覧である。義勇軍送出二年目で各種の宣伝が積極的に行われていたとはいえ、講演・録音・朗読・録音ドラマ・中継・ラジオ小説といった内容で、満州開拓や義勇軍に関するラジオ放送が行われていたことがわかる。

なかでも、「義勇軍壮行会　神宮外苑中継」（六月七日）、「満州建設奉仕隊便り　新京中継」（七月四日）などの実況中継や、「大陸の夕」（五月二一日）「大陸へさようなら」（六月九日）など現地録音による実況中継は、実際に内原や満州に赴き、義勇軍を実際に見て

| 放送期日 | 種目 | 内容 | 放送者 |
|---|---|---|---|
| 4月10日 | 講演 | 九十億予算と農村 | 杉野忠夫 |
| 4月22日 | 講演 | 青少年義勇軍と母の愛 | 加藤完治 |
| 5月11日 | 講演 | 興亜勤労報国隊の話 | 高山南山 |
| 5月21日 | 録音　朗読 | 大陸の夕　天理村にて / 開拓団通信 / | 北沢彪ほか |
| | 録音 | 哈爾浜訓練所を訪ねて | |
| | ドラマ | 徳永直原作先遣隊 | |
| 5月22日 | 講演 | 土の文学 | 上泉秀信 |
| 6月5日 | 講演 | 満州開拓地の青年を語る | 堀内庸村 |
| 6月6日 | 講演 | 勤労奉仕の意義と青年の責務 | 杉野忠夫 |
| 6月7日 | 神宮外苑中継 | 義勇軍壮行会　挨拶　告辞 | 緒方竹虎 |
| | | | 小磯国昭 |
| 6月9日 | 録音 | 大陸へさようなら | 義勇軍壮行会より |
| 7月4日 | 新京中継 | 満州建設奉仕隊便り | |
| 7月11日 | 講演 | 青年と海外発展 | 小磯国昭 |
| 8月9日 | 講演 | 東亜の民族的協和 | 西村真次 |
| 8月15日 | 講演 | 大陸建設と青年 | 大蔵公望 |
| 8月18日 | 講演 | 農村の更生と満蒙開拓 | 遠藤三郎 |
| 8月21日 | 講演 | 満蒙開拓青年義勇軍 | 山口乾治 |
| 8月22日 | 牡丹江中継 | 満州勤労奉仕隊員挨拶 | 木村繁兼ほか |
| 8月23日 | 講演 | 満州開拓地の農業 | 久保佐土美 |
| 8月25日 | 講演 | 拓士の訓練 | 加藤完治 |
| 8月28日 | 講演 | 満州開拓地の風土 | 伊藤真一 |
| 8月30日 | 講演 | 満蒙開拓地の衛生 | 斎藤潔 |
| 9月1日 | 講演 | 満蒙開拓地の生活 | 西村真琴 |
| 9月4日 | ラジオ小説 | 和田伝原作　大日向村 | 森雅之ほか |
| 9月5日 | 講演 | 日満支ブロックの食糧産業 | 水野武夫 |
| 9月6日 | 講演 | 八ヶ岳修練農場を語る | 久保佐土美ほか |
| 9月8日 | 講演 | 農村生活と文学 | 本間喜三治 |
| 9月17日 | 講演 | 満州勤労奉仕隊に参加して | 金沢弘ほか |
| 9月21日 | 朗読 | 福田清人原作　義勇隊内内原訓練所見学 | 石井広一 |
| 9月26日 | 講演 | 満州勤労奉仕隊に参加して | 佐藤伝助ほか |

表3　満州開拓関係ラジオ放送一覧（『満州開拓月報』第2巻第6号、1939年11月より作成）

いるかのような臨場感を聴衆に与えたものと思われる。

内原訓練所の視察を考えていた宮城県の小学校教員は、一九三九年一月二日に放送された内原訓練所の実況中継を、子どもに「アンチヤン達の訓練だからよく聞け！」と、『拓け満蒙』や『アサヒグラフ』を前に「聞き漏らすまいと放送にきゝ入つた」という。義勇軍の勧誘に「微力ながら尽力」しているこの教員は、「放送によつてこれらに尽力する使命の更に重大なることを痛感」したと述べている（『拓け満蒙』第三巻第二号、一九三九年二月）。

## 義勇軍のポスター

義勇軍はさまざまなメディアで描かれた。なかでも、満州移住協会が発行したポスターに描かれた義勇軍は、義勇軍を志望する青少年が、最初に義勇軍をイメージする機会となった。

応募資格／申込手続／費用／内地訓練／現地訓練の情報が盛り込まれた満蒙開拓青少年義勇軍募集ポスターに描かれた義勇軍は、右肩に鍬を抱えたもの、トラクターの上で太陽に向かい左手を高々と上げるもの、もっこを担ぎ農作業にはげむもの、鍬を持ち稲を抱え

図 15　長野県が作成した義勇軍募集のポスター（個人蔵・阿智村提供）

図 14　義勇軍募集のポスター（『拓け満蒙』第 2 巻第 3 号、1938 年 3 月）

て肩を組むもの、義勇軍の姿はなくスコップ、日本と満州国上空を羽ばたく鳩などが描かれた（図14）。

　ポスターに掲げられたキャッチフレーズも、「往け若人　北満の沃野へ」／「沃野開拓　東亜ノ光」／「拓け満蒙　築け楽土」／「往ケ大陸　築ケ楽土」／「往ケ大陸　築ケ若人」／「大陸日本　築け若人」／「進め！　大陸開拓へ」などさまざまであった。ポスターは五万枚印刷されたというが、正確な発行数は定かではない。

　こうしたポスターは、満州移住

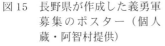

協会だけでなく、各県でも作成された。図15は、時期は不明（一九四〇年頃）であるが、長野県で作成された、「往け若人！　北満の沃野へ!!」と書かれたポスターである。

**映された義勇軍**

拓務省や満州移住協会は、義勇軍制度を人びとに周知するため、内原訓練所や満州での訓練所における訓練の様子を撮影した実写映画を数多く制作した（表４）。

上映会場が限られていたとはいえ、内原訓練所や現地訓練所の生活を実写した映画の効果は大きく、とりわけ冬の満州は、映像を通して極寒地満州を体感する機会となったと思われる。

一方、表5は、一九三八年八月から約一年間に開催された満州開拓関係の博覧会・展覧会の一覧である。開催地は北海道から沖縄県まで全国にわたり、主催者は、満鉄、満州開拓を積極的に報道した新聞社、開拓事業に関与した農学校をはじめ、東京帝国大学・東京高等師範学校・青山師範学校などさまざまであった。

展覧会の特徴は、会期が長いこと、会場で満州移民・義勇軍に関する図書・雑誌・ポスターなどを直接見ることができたこと、講演会・映画会・座談会・移住相談会などが併設

| 映画名 | 種別 | 巻数 | 制作年月 | 制作者 | 備考内容 |
|---|---|---|---|---|---|
| 大亜細亜の建設 | 35ミリ発声版 | 1 | 昭 12 | 拓務省 | 瑞穂村の実写 |
| 冬の移住地 | 16ミリ無声版 | 3 | 昭 12，3 | 拓務省 | 瑞穂村の実写 |
| 北満を開く | 35ミリ発声版 | 4 | 昭 12，9 | 拓務省 | 瑞穂村の実写 |
| 鋤の光 | 16ミリ無声版 | 4 | 昭 12，9 | 満州移住協会 | 使用不適 |
| 進め少年隊 | 16ミリ無声版 | 3 | 昭 12，9 | 満州移住協会 | 使用不適 |
| 広原児 | 35ミリ発声版 | 3 | 昭 13，5 | 南満州鉄道会社 | 集団移民 |
| 御稜威に副はん | 35ミリ発声版 | 4 | 昭 13，5 | 拓務省 | 義勇軍 |
| 満蒙開拓青少年義勇軍 | 35ミリ発声版 | 1 | 昭 13，8 | 拓務省 | |
| 若き開拓者 | 16ミリ発声版 | 1 | 昭 13，9 | 拓務省 | 内原訓練実況 |
| 拓務大臣移住地視察情況 | 35ミリ発声版 | 1 | 昭 13，9 | 満州拓植公社東京支社 | |
| 拓け満蒙 | 35ミリ発声版 | 2 | 昭 13，9 | 満州拓植公社東京支社 | 義勇軍輸送篇　自警村 |
| 開拓突撃隊 | 35ミリ発声版 | 5 | 昭 13，11 | 南満州鉄道会社 | |
| 満州開拓青少年義勇隊（現地訓練篇、建設篇） | 35ミリ発声版 | 2 | 昭 13，12 | 満州拓植公社東京支社 | |
| 開拓行 | 16ミリ無声版 | 1 | 昭 13，12 | 満州移住協会 | 義勇軍渡満篇　内原訓練実況 |
| 大陸めざして | 16ミリ無声版 | 2 | 昭 13，3 | 満州移住協会 | 義勇軍渡満篇　内原訓練実況 |
| 義勇軍内地訓練篇 | 16ミリ無声版 | 1 | 昭 13，4 | 満州移住協会 | |
| 満州開拓青少年義勇隊 | 16ミリ無声版 | 2 | 昭 14，3 | 満州拓植公社東京支社 | |
| 満州開拓青少年義勇隊 | 35ミリ無声版 | 2 | 昭 14，3 | 満州拓植公社東京支社 | |
| 我等は若き義勇軍（現地訓練篇冬の巻） | 35ミリ発声版 | 2 | 昭 14，4 | 拓務省 | |
| 我等は若き義勇軍（現地訓練篇冬の巻） | 16ミリ発声版 | 2 | 昭 14，4 | 拓務省 | |
| 我等は若き義勇軍（現地訓練篇冬の巻） | 16ミリ無声版 | 2 | 昭 14，4 | 拓務省 | |

表 4　満州開拓関係映画一覧（昭和 14 年 4 月末現在）（『満州移住月報』第 6 号、1939 年 5 月）

| 名称 | 会期 | 開催地 | 主催者 |
|---|---|---|---|
| 東亜国防産業展覧会 | 昭和 13 年 8 月 12 日-31 日 | 東京市高島屋 | 読売新聞社, 日本電報通信社 |
| 満州開拓展覧会 | 昭和 13 年 10 月 30 日-12 月 27 日 | 山形県内各地 | 山形県学務部 |
| 移植民展覧会 | 昭和 13 年 12 月 3 日-5 日 | 埼玉県秩父町 | 埼玉県庁、埼玉県拓植協会 |
| 満州農業移民展覧会 | 昭和 13 年 12 月下旬 | 岩手県 | 小山青年学校 |
| 安房郡内小学校展覧会 | 昭和 14 年 1 月 11 日-12 日 | 千葉県三原村 | 千葉県立安房農学校 |
| 伸びよ小国民展覧会 | 昭和 14 年 1 月 12 日-23 日 | 名古屋・静岡・岐阜・金沢・富山市 | ライオン歯磨本舗 |
| 新東亜認識展覧会 | 昭和 14 年 2 月 6 日-10 日 | 福島県白河町 | 福島県立白河中学校 |
| 満州移住地紹介展覧会 | 昭和 14 年 2 月 20 日-21 日 | 和歌山県海南市 | 内海小学校 |
| 大陸事情紹介展覧会 | 昭和 14 年 2 月 24 日-25 日 | 東京市江戸川区 | 東京府立第七高等女学校 |
| 満州事情展覧会 | 昭和 14 年 2 月 25 日-27 日 | 栃木県小山町 | 小山第二小学校 |
| 対満認識展覧会 | 昭和 14 年 2 月 26 日-3 月 6 日 | 横浜市 | 横浜市立芦穂崎尋常小学校 |
| 銃後村勢展覧会 | 昭和 14 年 3 月 1 日 | 富山県 | 東山見尋常高等小学校 |
| 満州開拓紹介展覧会 | 昭和 14 年 3 月 7 日-10 日 | 三重県 | 萩原村高等公民学校 |
| 支那事変展覧会 | 昭和 14 年 3 月 10 日-4 月 25 日 | 愛媛県松山市 | 満鉄門司鮮満案内所 |
| 支那事変大博覧会 | 昭和 14 年 3 月 10 日-4 月 30 日 | 松山市 | 伊予新報社 |
| 旭青年学校落成記念展覧会 | 昭和 14 年 3 月 18 日 | 滋賀県 | 旭青年学校 |
| 移植民事業振興展覧会 | 昭和 14 年 3 月中旬 | 沖縄県内各地 | 沖縄県学務部 |
| 新興亜博覧会 | 昭和 14 年 3 月 25 日-4 月 30 日 | 岡山県岡山市 | 合同新聞社 |
| 興亜大博覧会 | 昭和 14 年 3 月 30 日-5 月 31 日 | 兵庫県西宮市 | 新愛知新聞社 |
| 満州移民促進展覧会 | 昭和 14 年 3 月下旬 | 徳島県安房郡 | 久勝村青年修練農場 |
| 創立 30 周年記念展覧会 | 昭和 14 年 3 月下旬 | 福島県 | 福島県立築上農学校 |
| 時局博覧会 | 昭和 14 年 3 月下旬-4 月下旬 | 広島市及三次町 | 広島県 |
| 満州事情並開拓現地状況紹介展覧会 | 昭和 14 年 3 月下旬-4 月下旬 | 三重県外 10 県 | 南満州鉄道株式会社 |
| 大東亜建設展覧会 | 昭和 14 年 4 月 1 日-5 月 31 日 | 兵庫県西宮市 | 大阪朝日新聞社 |
| 新東亜博覧会 | 昭和 14 年 4 月 1 日-5 月 31 日 | 横浜市鶴見町 | 花月園 |
| 大陸発展大展覧会 | 昭和 14 年 4 月 10 日-5 月 4 日 | 横浜市 | 横浜商工会議所 |
| 肇国精神発揚紀元 2600 年奉賛展覧会 | 昭和 14 年 4 月 12 日-27 日 | 東京市 | 紀元 2600 年奉祝会 |
| 満蒙開拓展覧会 | 昭和 14 年 4 月 20 日-30 日 | 東京市 | 東京高等師範学校 |
| 満州建設展覧会 | 昭和 14 年 5 月 1 日-8 日 | 東京市 | 東京帝国大学 |
| 鮮満展覧会 | 昭和 14 年 6 月 5 日-12 日 | 東京市 | 青山師範学校 |
| 農業報国展覧会 | 昭和 14 年 6 月 14 日-29 日 | 東京市 | 産業組合新聞社 |
| 聖戦興亜博覧会 | 昭和 14 年 7 月 4 日-8 月 25 日 | 旭川市 | 旭川新聞社 |
| 新東亜建設大博覧会 | 昭和 14 年 7 月 4 日-9 月 15 日 | 新潟市 | 新潟新聞社 |
| 支那事変大観覧会 | 昭和 14 年 7 月 7 日-27 日 | 旭川市 | 北海タイムス社 |
| 満蒙開拓資料展覧会 | 昭和 14 年 7 月 20 日-8 月 20 日 | 秋田県 | 秋田満蒙開拓後援会 |

表 5　満州開拓関係博覧会・展覧会開催一覧（『満州移住月報』第 6 号、1939 年 5 月・『満州開拓月報』第 2 巻第 6 号、1939 年 11 月より作成）

されたことである。

## 『拓け満蒙』

満州移住協会は、満蒙開拓青少年義勇軍制度が正式に創設される以前から、『拓け満蒙』誌上で、青少年移民関係の記事を掲載していた。

当該号から月刊となった第一巻第五号（一九三七年九月）では、加藤完治の「青少年移民に就て」と題する巻頭言を掲載し、「満移ニユース」欄で「少年移民計画具体化　本年度は三百名の先遣隊を」を速報し、第六号では「少年移民先遣隊出発」「少年移民の制度成る！─満州開拓青少年訓練生」を伝えた。続く、「青少年移民特輯号」と銘打った第一巻第八号（一二月）では「いざ征かん！　北満未開の地　新天地に築く少年王国　勇壮！若人の大進軍」という見出しを掲げ義勇軍の参加を呼びかけ、同時に臨時増刊号『満州移住地画報』を発行した。

第二巻第一号（一九三八年一月）では、「満蒙開拓青少年義勇軍の編成に当つて　全国青年学校長各位に愬《うった》ふ」と義勇軍への参加を呼びかけ、第二号（二月）では、扉で「満蒙開拓青少年義勇軍の編成に際し　全国の同胞に告ぐ！」と、「国策遂行の中枢」となる全国市町村長・全国青年学校長・全国市町村青年団長に協力を呼びかけている。また、「満蒙開拓青少年義勇軍募集要綱」を掲載し、義勇軍制度を詳しく解説した。

以後、『拓け満蒙』誌上では、「満州移民の手引き」「移住地だより」「満移ニュース」「婦人欄」「小学生欄」などのコーナーを中心に、義勇軍に関する記事・情報、写真が毎回掲載され、裏表紙には「満蒙開拓青少年義勇軍募集」のポスターが掲載された。

当初『拓け満蒙』は無償で市町村役場・青年学校・青年団に配布されていたが、一九三八年一月からは一部一五銭で販売された。市町村役場や青年学校など公共団体には割引価格が適用されたため、役場が購入して関係団体に配布、あるいは波田小学校のように、学校で購入して児童生徒が講読するケースが多かった。一九三八年一月一三日、長野県は市町村長・中学校長・小学校長・青年学校長にあて、「満州移民雑誌『拓け満蒙』購買方ノ件」と題する学務部長名の通牒を出し、「満州移住地ノ実情普及、現地、中央地方ノ連絡ニモ資スルト共ニ移民奨励上ノ参考書トシテ適当」として『拓け満蒙』の利用・購買を促している(『長野県報』第一一二五号、一九三八年一月一三日)。

『拓け満蒙』の正確な販売冊数は定かではないが、義勇軍や分村・分郷移民が拡大したのとあわせ冊数を増やしたようだ。『新満州』第四巻第六号(一九四〇年六月)の編集後記には「本誌最近の活況は全く文字通り目覚ましい許りで注文殺到の為」「近く部数の一大増刷を計る予定」とあり、後継誌の『開拓』第五巻第一〇号（一九四一年一〇月）では「内地現地を通じ数万に上る愛読者を持つてゐる」と記されている。

## 『青年』・『少年倶楽部』

『拓け満蒙』以外で影響を与えたと思われる雑誌は、義勇軍送出に重要な役割を演じた大日本連合青年団が発行する機関誌である『青年』、発行数が五〇万を超え、最も多くの青少年が講読した『少年倶楽部』、農村家庭が購読した『家の光』である。

『青年』誌上における最初の義勇軍記事は、第二三巻第三号（一九三八年三月）に掲載された「青少年の大陸移動を語る座談会」である。内務・文部・農林・拓務各省、満州拓植公社、満州移住協会、大日本連合青年団、茨城県青少年移民訓練所関係者計一九人が出席した座談会では、義勇軍に参加する規約、指導員に関する話し合いが行われ、義勇軍の資格について「身体の健康、これが絶対的条件です。同時に満州建国の聖業に参加するといふ不抜の精神をもつ青少年でしたら、誰でもいいわけです」と述べられている。

内原訓練所は、『青年』誌上でも詳しく紹介された。「青少年義勇軍内原道場を訪ふ」

（第二三巻第五号）、本誌記者「満蒙開拓青少年義勇軍の生活を訪ねて」（第一〇号）は、写真と文章で詳しく説明され、義勇軍送出に積極的に関与している青年団の姿勢がうかがえる。

一方、『少年倶楽部』における最初の記事は、第二五巻第六号（一九三八年五月）に掲載された「満蒙へ乗出す青少年義勇軍」である。以後、「祖国の発展に力を捧げようと少年達は雄々しく満州へ　満蒙開拓青少年義勇軍訓練所の感激訪問」（第二六巻第三号、一九三九年二月）、「満蒙に鍬をとる僕らの兄弟を慰問しませう」（第五号）、「少年写真新聞　いざ行け鍬の勇士たち」（第九号）と続いた。

『少年倶楽部』の特徴は、義勇軍の姿が漫画でわかりやすく描かれたことである。漫画で描かれた義勇軍は、義勇軍を志望する青少年に、写真や文章とはまた異なる、義勇軍イメージを与えたものと思われる。また、『少年倶楽部』は義勇隊に送られた激励袋のなかでもっとも人気があったため、『少年倶楽部』を受け取った義勇隊からの便りが、「激励袋をあけて喜ぶ少年たち」といった漫画とともに掲載されることもあった（第二六巻第五号、一九三九年四月）。

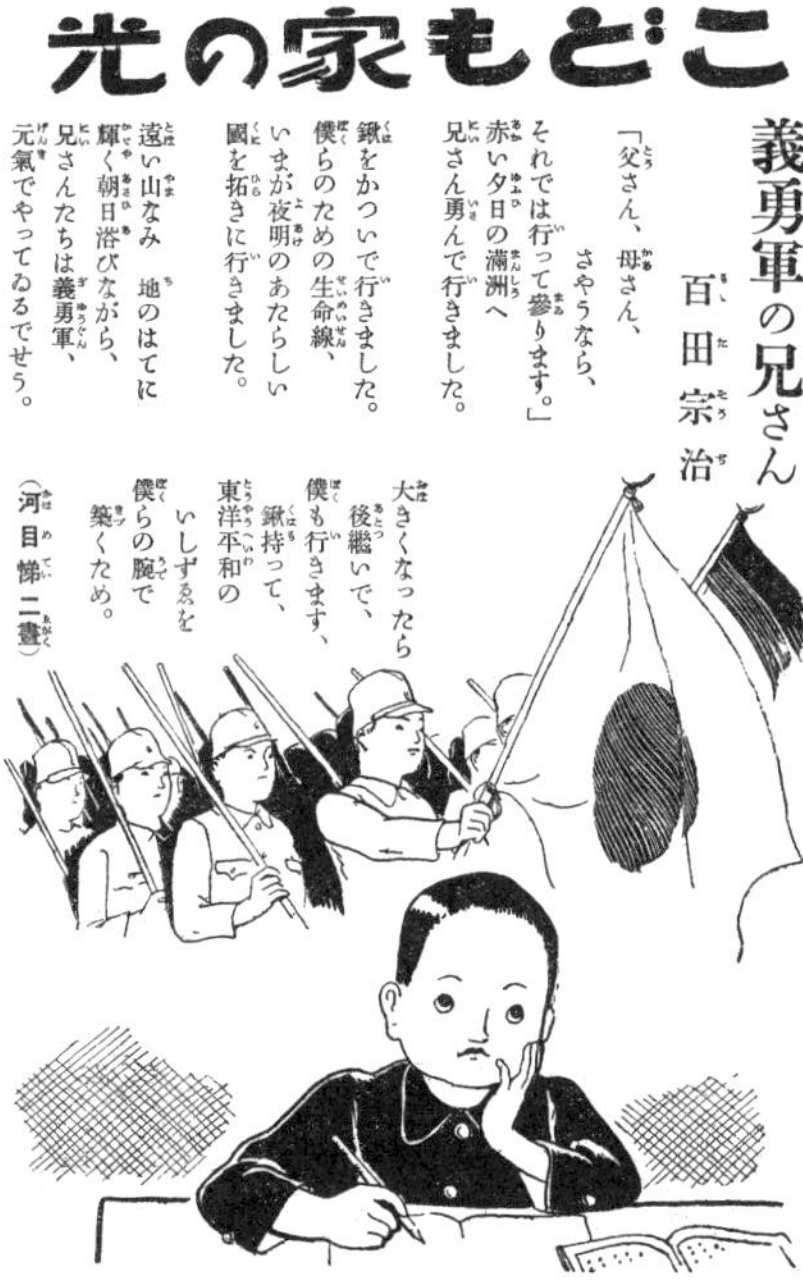

図 16　「こども家の光　義勇軍の兄さん」（『家の光』第 15 巻第 4 号、1939 年 4 月）

## 『家の光』

『家の光』における青少年義勇軍記事は、第一四巻第三号（一九三八年三月）の「青年の立身道しるべ」が最初である。これは「農村の中堅人物を志す人に」「陸軍方面の志願者へ」「海軍方面の志願者へ」「巡査を志願するには」など、「高等小学校卒業程度で進む就職受験移民案内」で、青少年義勇軍は「海外雄飛を志す人々へ」というコーナーで、満州農業移民、南米ブラジル移民、南洋ボルネオ移民、南米パラグアイ移民、台湾に志す人へとともに紹介された。

『家の光』には翌第四号から「満蒙支・大陸欄」が新設され、「日輪兵舎猛特訓」「満州へ移住する人々へ」（第五号）、

「行け青少年義勇軍」「白熱してきた満州移民を語る座談会」「壮途につく満蒙開拓青少年義勇軍を見送る記」（第六号）、「希望に輝く青少年義勇軍の生活」（第一四号、一二月）といったタイトルで、以後記事が掲載されていく（図16）。

## 田河水泡と義勇軍

漫画に描かれた義勇軍という点で注目したい人物は、『少年倶楽部』でもっとも人気を集めた作品「のらくろ」の作者の田河水泡（本名高見沢仲太郎）である。ペンネームの田河水泡は高見沢（TA・KA・MIZ・AWA）を漢字に書き換えたものである。

「のらくろ」は「野良犬黒吉」の略で、一九三一年一月発行の『少年倶楽部』第一八巻第一号から連載が始まり、子どもたちに爆発的な人気を博して一一年間連載された。しかし、内閣情報局の執筆禁止令により、一九四一年一〇月発行の第二八巻第一〇号限りで突如中止となる。理由は、印刷用紙の節約（「のらくろ」の連載が中止になれば『少年倶楽部』の売り上げが下がり、印刷用紙の配給が減る）とも、国策を侮辱し軍部からにらまれたため（「のらくろ」が大陸に渡り、擬人化した熊・羊・豚が登場した）ともいわれる。

一九三九年四月から約二カ月、拓務省の依頼により寧安・勃利訓練所を訪問した田河は、

『少年倶楽部』第二六巻第一一号（一九三九年九月）に「満蒙開拓青少年義勇軍をたづねて」を寄稿した。このなかで田河は、「少年倶楽部の愛読者諸君、よみふるしの雑誌でも品物でも、なんでもよいから、激励袋をつくつて、手紙をそへて送つて上げるやうにすすめたい」「内地からのあたゝかいはげましが必要です」と述べている。

また、『家の光』第一五巻第八号（一九三九年八月）に「高見沢水車」のペンネームで「この意気こそ力なり　大陸の土を耕す少年たち」を寄稿し、「一番うれしい」激励袋が「僕たちがこゝへきてから、一年になるけど、今年の正月にもらつたきり」というエピソードを交えながら「自ら進んで海を渡つた、この勇気ある義勇軍の人々たちに、私たちは心からの感謝と激励を送ります」と記した。

さらに、『青年』第二五巻第一号（一九四〇年一月）の「青年大陸版」に「青少年義勇軍」を寄稿、ここでも「激励と感謝を示されたならば、不自由がちに暮してゐる感じやすい少年達の喜びは、どんなに大きいか。内地からの音信に餓ゑてゐる少年達を、どんなに温めてやることが出来るだろう」と、「内地青年の方々」に対して「開拓の豆戦士、義勇軍少年に一枚の葉書、一個の日用品」を送ることを呼びかけた。

義勇軍に寄せる田河の思い入れは、『拓け満蒙』の後継誌である『新満州』誌上で開花する。田河は、『新満州』第四巻第四号（一九四〇年四月）から、漫画「親父教育」を連載した。義勇軍を志望する少年が父親を説得するこの漫画は、翌五号からタイトルが「親父訓練」となり、「大陸発展の話が九分九厘纏まつても最後に反対するものは何時でもおふくろだ」と、母親の反対が義勇軍志望の障害となっていることが描かれる。続く第六号では、「工場に三年勤めるとどうなるの」「そりやア　其時次第でどうなるか分るものか」「義勇軍は三年たつと　十町歩の地主様だよ」「わしや認識不足だつた」（図17）という父子の会話に続き、第七号は、「お前を義勇軍に行かせなければならない理屈が漸く分つた」「ぢや行つてもいゝですか」「家の為より国家の為だ　行くのが当り前だ」「エライツ　それが分れば日本一のおやぢだ」で終わる（図18）。

「親父訓練」は、義勇軍に反対であった両親が、本人の説得により、義勇軍に賛成するというストーリーで、教員は登場しない。

義勇軍志望の親子関係の話が終わると、今度は義勇軍本人を主人公とする連載漫画「義勇軍の義坊」が第八号から始まる。「大人も及ばぬ」から始まる連載は、村の誇り／丸井中隊／世界に誇る／渡満準備（第一二号）と進む。そして、『新満州』からタイトルが『開拓』と改められた第五巻（一九四一年一月）以降も、祖国を後に（第一号）／現地到

図 17 「親父訓練」(3)」(『新満州』第 4 巻第 6 号、1940 年 6 月)

図 18 「親父訓練（4）」（『新満州』第 4 巻第 7 号、1940 年 7 月）

着／3寒4温／目標／朝飯前／鯉のぼり／雨期／明るい満州／除草／先遣隊／日満親善と続いて、「義勇隊開拓団」（第一二号）で終了した。

## 『あなたも義勇軍になれます』

「義勇軍の義坊」を連載中であった一九四〇年一二月、田河は、小学生にわかりやすい文章と絵で義勇軍関係冊子の作成を計画していた拓務省の依頼を受け、五日の昌図訓練所から哈爾浜訓練所をはじめとする各地の大小訓練所を訪問し、冬の義勇軍と訓練所の正月風景を文章と漫画に収め一月一〇日に帰国した（『満蒙開拓青少年義勇軍概要』）。さらに、五月七日から二カ月間にわたり、寧安・海浪両訓練所を訪問し、義勇隊漫画部隊に対して漫画作成の指導を行った（『満州開拓年鑑　康徳九年・昭和十七年版』）。

田河が眼にした義勇隊訓練生の姿は、「義勇軍の義坊」とともに、拓務省拓北局が一九四一年に作成・発行した義勇軍の勧誘・募集・宣伝冊子である『あなたも義勇軍になれます』で描かれた（図19）。

長い間日本人は島国の中に閉されてゐた習慣がありますから、急に満州へ開拓に行け、と云はれると、まるで遠い所へ無茶な冒険をしに行く様に考へる人もありますが、それが小さな島国根性といふもので、こんな考へは早くすててしまはなければなりません。

義勇軍の大使命については、皆さんは既に度々お聞きになつたことですから、百も二百も御承知のことでせう。絶好のチャンスといふものはさう度々来るものではありませんから、大陸国策に力を捧げることの出来る此の機会に、下つ腹に力を入れて、充分な決心を固めて下さる様おすゝめします。

図19　田河水泡画『あなたも義勇軍になれます』(1941年)

この文章が「まへがき」となった冊子(一六頁)は謄写版印刷で、田河の漫画である「満州開拓の意義」「義勇軍になるまで」「内原訓練所から満州へ行くまで」「初めの頃の義勇軍は」「現在の義勇軍は」「義勇軍の特技」「実務訓練所の状況」と、活版印刷の「青少年義勇軍になるにはどうすればいゝか」から構成された。「実務訓練所の状況」は、義勇軍訓練所から独立開拓団に看板が掛け替えられ、「訓練所で鍛へた腕前で愈々これから本式の開拓だ」「見てくれ　この広い地面は僕のものだ」という文章と太陽の下で万歳する義勇隊の姿で終わっている。

視聴が一度限りのラジオ放送や映画とは異なり、ポスターや繰り返し何度も読むことができる雑誌で描かれる義勇軍もまた、志望を強力に後押ししたと思われる。

## いざないと現実

こうしたいざないは、義勇軍送出に効力を発揮する一方で、時には渡満した義勇軍から大きな反発を生むことになる。

一九三九年九月六日、鉄驪大訓練所で行われた義勇軍、義勇軍父兄激励隊と訓練所関係者との座談会で、ある訓練生は次のように述べた。

義勇軍に志願するとき郷里の学校で先生から聴いた話、映画で見た事も、内原での生活も皆理想的なよい事ばかりでした。所が現地へ来て見ると、去年は兵舎も豚小屋の様だし食料も悪かつた。着物は破れ外へ出たくないから布団かぶつて泣く、先生は屯墾だと云ふ。斯の様な建設の苦しみについては誰も話してくれず、学校の先生や募集に来た人が善い事ばかり言つて行くから、此方《こっち》へ来てから幹部の先生方にしても大変な苦労をされてゐる様です（『新満州』第三巻第一一号、一九三九年一一月）。

義勇軍募集時の「理想的なよい事ばかり」の話と現実との落差に悩む義勇軍はこれ以外にも数多くいたと思われる。だが、その問題は屯墾病として片づけられ、この時の座談会における義勇軍父兄激励隊（兵庫県）の反応も「これから来る者には充分に覚悟させて送る事にします」であった。

「善い事ばかり言」う義勇軍募集活動に対する批判は、内地でも発せられた。一九四〇年三月、郷土小隊の正副小隊長は、現地で訓練中の郷土出身の義勇隊から選考することとされ、三月九日、小隊長候補生一四七人が帰京した。一行は、それぞれの故郷に帰ったのち、内原訓練所での訓練をへて、小隊長として満州に戻った。この時、長野県出身の候補生は一五人で、一三日に長野に帰郷し、生家に戻ったのち、郡市教育部会が主催する義勇軍募集懇談会に出席した。

帰郷に際し、信濃毎日新聞の取材を受けた候補生は、「今迄内地の宣伝が派手すぎた。何でも満州へ行けば直に成功するやうな事を吹き込んだ為、浅墓な英雄心で行つた連中が理想と現実の喰ひ違ひで思はぬ苦杯をなめてゐる」と「派手な宣伝」に苦言を呈した（三月一四日付『信濃毎日新聞』）。

こうした批判はその後も続く。事実、『新満州』『開拓』に掲載された「義勇軍座談会」においても、「現在の役人の募集の仕方を見ますと、兎に角役目で集めさへすればよい」「北満も南満も区別なしに出鱈目を言つて人を集めて送り出した」（『開拓』第五巻第七号、一九四一年七月）といったことが指摘された。

キャリア・アップ教育と同様、義勇軍に対するさまざまのいざないもまた、義勇軍募集・勧誘・送出の有効な手段となったが、現地での生活は必ずしも勧誘の文句の通りではなく、現地訓練所での生活やその後の義勇隊開拓団としての定着には多大な課題があった。

# 義勇軍へのまなざし

## 眼に映る義勇軍

### 在校生のまなざし

図20は、一九三九（昭和一四）年三月二〇日、波田小学校講堂で行われた義勇軍壮行会の写真である。高等科二年担任であった宮川寿幸によると、「級長を初めとして上から心身共に優秀なる者三十四名の志願者」のなかから「身体弱き者三名を除いて送出した」という（『信濃教育』第六五八号、一九四一年八月）。波田青年学校の生徒二人を除く、波田小学校高等科生徒二九人の続柄は、長男七人、次・三男一〇人、四男以下一三人、不明一人である。学級担任別の内訳は、宮川（一〇人）だけでなく、小林由作（一〇人）・山下一（八人）・不明一人と均等で、学校を挙げて送出したことがわかる。

全校児童生徒と村長・村議会議員全員・青年団長・在郷軍人分会長らが参列した壮行会では、高等科二年の女子生徒が「亜細亜《アジア》ノ建設ハ皆様方ノ双肩ニ課セラレタモノデアリマス」と励ますと、義勇軍代表者は「王道楽土ヲ建設シ満州国ヲ世界最大強国ニスル様勤メマス」と応えたという（『新満州』第三巻第五号、一九三九年五月）。

図20　波田小学校講堂における義勇軍壮行会（宮川寿幸アルバム、信濃毎日新聞社提供）

## 村人のまなざし

四月一六日、野村篤恵校長に引率された義勇軍訓練生は、奉安殿と忠魂碑参拝後、波田村民の見送りをうけて松本電気鉄道波田駅を出発し、長野市へ向かう。

図21は、波田駅での見送りの写真である。波田小学校関係者だけでなく、波田村民も参加した。まるで村からの出征兵士を総出で見送る風景と同じである。この中には、第一次弥栄村の「敬老帰朝団」の一人として波田村に帰郷中の六一歳の男性もいた。

長野市で行われた壮行会では、六〇〇人の義勇軍訓練生を代表して波田小学校生徒が答辞を述べた（図22）。

図21　波田駅での見送り（宮川寿幸アルバム、信濃毎日新聞社提供）

宮川によると、答辞を述べた生徒は、当初は工業方面を志望していたが興亜教育の結果、義勇軍志望になった卒業成績二番の生徒で、「長男を靖国神社の奥の院たる満州へ送り開拓に従はせて頂く事は此の上もない名誉です」という礼状を母親からもらったという（『新満州』第三巻第八号、一九三九年八月）。

### 内原訓練所でのまなざし

内原訓練所は、近隣の河和田村《かわわだ》（現水戸市）に開設された河和田分所、鯉渕村中台（現水戸市）に開設された幹部訓練所、建坪二一〇坪（六九三$m^2$）・部屋数六〇室を有する義勇軍病院（一九四〇年七月完成）、

図 22　長野市における義勇軍壮行会を報じる 1939 年 4 月 17 日付『信濃毎日新聞』

岩間街道沿いに建設された義勇軍農場など、河和田分所とあわせて同時に約五〇個中隊（約一万五〇〇〇人）が収容できる大訓練所となった（『内原町史　通史編』）。

内原訓練所のある下中妻村の人口は二八〇〇人から一万人を突破し、茨城県の市町村別人口では二三六位から一〇位になった。とりわけ男子の人口は、霞ケ浦海軍航空隊・予科練の街である阿見村（現阿見町）や土浦町（一九四〇年一一月三日市制施行）に匹敵するほどであった。

最寄り駅となる常磐線内原駅は五万円かけて改築され、駅員も八人増員された。年間乗降客数は一二万人前後から一九四〇年に四五万人に達した。一方、内原郵便局は毎日二万五〇〇〇通の葉書・手紙を取り扱い、男女局員六人を増員して新たに電話交換事業を開始した。内原駅周辺には面会に訪れる父兄や視察団向けの旅館・飲食店がならび、「義勇軍目当に時計屋、万年筆屋が何軒も新しく開業」し「職員や幹部の協和服を造る洋服店、はては刀剣の外装、砥師業が現はれ」た。

こうした内原の変貌を、満州移住協会は、『拓け満蒙』を『新満州』と改題するに際し新たに設けた「内原だより」のコーナーのなかで、「寒村の内原」は「天下の内原へと昇格」し「世界注視のウチハラへと躍進」(『新満州』第三巻第四号、一九三九年四月)、「満州開拓民の聖地」(『新満州』第三巻第一一号、一一月)と報じた

〝義勇軍景気〟は周辺町村にも波及する。訓練所で毎日四〇石消費される米や二〇〇〇貫以上消費される大豆・油・味噌・煮干・海草・塩・砂糖・野菜などの副食物の生産・納入、毎日生じる残飯と大量の糞尿処理である。下中妻・鯉渕村など六カ村は共同で農産加工工場を建設し、おかずや漬物などの惣菜類を訓練所に提供した。

また、残飯は豚の飼料となったので養豚農家が増加し、訓練所から引き取った糞尿を溜める糞尿タンクも村単位で建設された。鯉渕村では農会が中心となって糞尿タンクを六個造り、糞尿は村人の誰もが肥料として使用できるようにしたという(『新満州』第三巻第

一二号、一九三九年一二月)。

## 周辺青少年のまなざし

内原訓練所の存在は、周辺の人びとの意識にも影響を与えた。起床ラッパに始まる所内訓練での規則正しい生活、出征軍人遺家族への労力奉仕や道路補修など、所外訓練で人びとが眼にする規律正しい義勇軍の姿は、とりわけ同年代の少年たちの意識と生活に変化をもたらした。

一九三九年一月、茨城県下小学校・中学校校長会として義勇軍訓練を視察した稲敷郡の小学校長は、「義勇軍訓練所の生徒は放されても放縦的生活がない。辛くとも我慢強い、私情にかられた我儘《わがまま》を言はない、そしてあくまでも意志的である。本当に自覚してゐる証拠である」「かうした自覚の根元にはやはり、訓練要旨を体したる師弟一体の信の生活があり、こゝから生れたものではなからうか」と述べたのち、校長としての使命を次のように記している。

青少年義勇軍の募集に於ては、小学校高等科卒業直後より三、四年の間の年齢範囲にあるので小学校教育は国策遂行上相当大なる責任があるわけである。随つて我々は、国策としての満州移民が如何なるものであるかを充分理解し、移民と教育がこの国策遂行上極めて密接な関係にあることを自覚し、国策に添ふべく積極的に努力せねばならぬと思ふ。そして、該博なる満州国に対する認識と、確たる大陸発展の思想を鼓吹し、一人でも多くの国策に添ふ人物を進出せしめたいものである（『茨城教育』第六五三号、一九三九年二月）。

一方、『新満州』記者に対し、鯉渕村役場吏員は「訓練所は何か吾々に力強いものを与へてくれました（中略）。義勇軍のあの空気が知らず〳〵の間に児童に浸み込んだ」、下中妻村役場吏員は「私どもの村では児童が特によくなつたと思ひます。例へば神社参拝、清掃等自発的にやる様になりました。これも皆義勇軍から見習つたものと思ひまして、吾々も仲々教育される処があります」と、それぞれ述べている（『新満州』第三巻第一二号、一九三九年一二月）。

同年代の少年たちにとって、義勇軍へのまなざしは、自らの生活を律するものとなったのである。

# 心に残る義勇軍

## 渡満部隊壮行会

波田小学校をはじめとする長野県出身の義勇軍訓練生は、内原訓練所での訓練を終え、他県出身者を含む二つの混成中隊（第一二・一三中隊）に編制されて一九三九（昭和一四）年六月一八日に内原を出発した。一行は宮城・明治神宮参拝を経て、義勇軍列車で六月一九日午前五時二〇分長野駅に到着、城山小学校で長野県・長野市主催の満蒙開拓青少年義勇軍渡満部隊壮行会が行われた。中隊長・中隊幹部に長野県出身者は一人もいなかったが、義勇軍のほとんどが長野県出身者（六一〇人中五〇四人）、という実質的に長野県単独の郷土中隊であったため、長野市で壮行会が開かれたのである。

壮行会には、拓務省・満州移住協会・長野県議会・連隊区司令部・県立御牧ケ原修練農場・信濃教育会などの来賓をはじめ、市町村長約一五〇人、学校長約一〇〇人、義勇軍父兄、在郷軍人会・男女青年団・愛国婦人会・国防婦人会などの各種団体関係者、長野市内および近隣町村の小学校・中学校・高等女学校・師範学校生徒などが参列し、「さしも広

信濃毎日新聞　（火曜日）　昭和十四年六月二十日

行け滿蒙の開拓に

信州健兒の誇擔ひ

六百餘名壯途へ

けふ歡送行事旺ん

堂々市中を行進！

図 23　長野市における渡満部隊壮行会を報じる 1939 年 6 月 20 日付『信濃毎日新聞』

い式場も幾千の会衆に立錐の余地なく埋め尽され」たという。二カ月前の四月一六日、「県民歓呼の中に勇躍郷関」を出た「信州健児」に、再び熱いまなざしが注がれたのである（図23）。

**市中行進**

壮行会後、「ラッパ鼓隊の勇壮なマーチに歩調を併せて、偉容颯爽たる興亜の大行進」が行われた。「沿道黒山の如き市民の歓喜の声は天に轟」き、「一糸乱れざる歩調は迎へる市民の目を奪ひ、驚嘆と感激は万歳々々の嵐となつて爆発」したという。

市中行進ののち、父兄との面会が行われた。壮行会に波田村からは、浅田沖江村長・野村篤恵校長と山下一訓導に引率された七〇人の父兄家族が参列した。浅田村長は「波田村出身勇士一同に対して老の眼に涙を湛へ、記念の手拭を頒つて労苦を犒《ねぎら》へ」、野村校長は「感激の辞を述べ、万歳を三唱、郷土の勇士の前途を祝福」した。

日本放送協会長野放送局は、午後八時半から「義勇軍の夕」を全県民に放送した。まず、富田健治知事が「銃後更生と、大陸日本発展の為には凡ゆる障害を突破してこの事業を止むことなく達成せねばならぬ」と県民に呼びかけ、続いて、内原訓練所の生活を収めたトーキー「義勇軍の一日と出発」が紹介されたのち、壮行会と市中行進が実況中継された。実況中継後、小学校代表者が「第二、第三の義勇軍に加はる決意を示した壮行の辞」を述べ、義勇軍代表者が「渡満の暁は大和魂の練磨に努め、綱領をまともにかざして何処までも目的達成に努力します、清く明るく満州の土に親しみます」と「健気な覚悟」を述べて、放送は終了した（『興亜の戦士　義勇軍を送る　長野県』）。

## 児童生徒の想い

壮行会に参列した学校児童・生徒の感想は、『昭和十四年六月十九日　興亜の戦士　義勇軍を送る　長野県』（一九三九年）に収録された。

日満の旗を先頭に隊伍も正しく堂々と行進するを見たときの感激。よし僕等も学校を卒業したら、かならず義勇軍になり、はるか西北方の広漠たる大満州平野に鍬を執り、一つは日満親善、共存共栄の実をあげ、一つは東亜の生命線の守をかたくし東洋平和に貢献せんとちかつた。あゝこの感激、義勇軍なればこそ…。早く来年になればよいなあ…（須坂小学校五年男子児童「義勇軍を見て」）。

放送局の前で須坂町出の者と行き会つた。皆んな日に焼けて真黒い顔をして居た。それから一寸とした式の様なものがあつて、義勇軍の人の中で一番背の大きな人が威げんのある声で話した。後で「皆の来るのを待つてるぞ」と一番背の大きな人が言った。誰かゞ「おつかねや」と言つた。自分もそんな様な気がした。帰りの電車の中で自分も義勇軍に加入して満州へ行かうとかたく決心した（須坂小学校五年男子児童「義勇軍を見て」）。

私は、「よく一人で満州へ行けるものだ」と、感心しました。見れば私よりも背の小さい人達も幾人か居りました。「此の人達は一生満州で住むのだな、そしてあの地で死ぬのだな」と、思ふとひとりでに涙が出て来ました（長野市山王小学校六年女子児童「少年義勇軍」）。

尋常科児童の感想である。「学校を卒業したら、かならず義勇軍」「義勇軍に加入して満州へ行かうとかたく決心した」といった国家が期待する「模範的」文章だけでなく、「よく一人で満州へ行けるものだ」など素直に心情を吐露した文章も見える。だが、義勇軍と同じ年頃の女子生徒の感想は微妙に異なる。

この方々が雄々しくも、あの満蒙開拓の意気に燃えて志願致しました事は、何といつて良いでせう。中にはまだとても小さい人達もゐました。けなげ　本当にさうです。唯々私達はかたづを呑んで、この勇ましい方々を見守るのみでした（中略）。女であらうとも、行けるなら行きたいと、真実心から思ひました（長野高等女学校四年生徒「満蒙開拓青少年義勇軍壮行会に参列して」）。

私達とは、同じ若さのこの戦士達は、雄々しくも又美しい信仰の精神にみなぎつて終始し、きつと〳〵この大任をまつとうするのに努力するにちがひないであらう。私達はひたすらそれを期待し、又彼等の健康を祈ることもわすれない。そしてこの戦士達のたゝへるべきを〻〔雄雄〕しい門出を心から祝すのだ。一方私達は、この義勇軍に感謝し、自分達の本分に邁進するやうにつとめねばならぬ（長野高等女学校四年生徒「満蒙開拓青少年義勇軍壮行会に参列して」）。

「女であらうとも、行けるなら行きたい」「自分達の本分に邁進するやうにつとめねばならぬ」という想いが、大陸の花嫁と結びついたのかは定かではない。だが、義勇軍の姿に自分自身を重ねあわせ、大陸の花嫁という将来を思い描いた女子生徒がいたことも推測される。

## 興亜少年・少女隊

義勇軍の壮行会に、なぜ、小学校五年生以上の男女児童が動員されたのか。その理由は、五年生以上の男女児童を対象に「義勇軍送出の母胎」となる興亜少年・少女隊を結成する

図24　興亜少女隊の訓練（『写真週報』第107号、1940年3月13日）

ためであった。

拓務省は、一九三九年一〇月に栃木県芳賀《はが》郡教育会の真岡《もうか》・山前《やまざき》・大内《おおうち》の三カ町村（現真岡市）の小学校で初めて結成された興亜少女隊の成果をふまえ、翌一九四〇年度から文部・陸軍・厚生省と連携し、正式に興亜少年・少女隊を結成した。

栃木県の興亜少女隊は、低調であった義勇軍送出を挽回するため、少年団を興亜少年隊と興亜少女隊に区分し、二宮尊徳ゆかりという土地柄をふまえた「報徳精神による集団勤労作業、清掃作業、報徳祭、報徳自治会」などの興亜教育を、合同訓練・合同合宿の形式で行ったことが始まりとされる（『新満州』第四巻第七号、一九四〇年七月）。

六年生から高等科二年生までの女子児童・生徒約七〇〇人が参加した「興亜精神を盛込んだ農業実習、体操、家事、裁縫」を内容とする興亜訓練は、年度末までに四回行われた。図24は、一九四〇年二月二八日、真岡小学校で行われた訓練である。国防色のモンペと対の帽子に背中に銃を担いで素足で歩く興亜少女隊は「満蒙行きの花嫁一年生」として『写真週報』で紹介された。

訓練の結果、年度末には二人が大陸に渡り、半年後の隊員数は五〇〇〇人を超えたという。取材に訪れた『青年』記者は、「隊員の力で、今では家庭の父も母も、やうやく大陸に眼を開きはじめてゐます」という国防服の隊長（真岡小学校長）の言葉を受け、「僕はやがて、彼女達が大陸の花嫁として、母として、全国の女性のあたらしき太陽となる日を期待しよう」と記している（『青年』第二五巻第八号、一九四〇年八月）。

小学校女子教育に興亜教育を積極的に採り入れ、興亜意識をもつ女性を育成することで義勇軍配偶者の予備軍を準備するとともに、義勇軍に対する父兄母姉の意識を高める。こうした「義勇軍送出の側面的運動」を目的とした興亜少女隊による興亜教育訓練が、小学校を通して強力に実践されたのである。

一九四〇年一〇月現在、興亜少年・少女隊は、東京府（日進興亜少女隊・日進小学校）茨城県（大子《だいご》興亜少年少女隊・大子小学校）・奈良県（朝並興亜少年少女隊・朝並小学校）など一三府県で結成され、全国的運動に発展した（『満州開拓年鑑　康徳八年・昭和十六年版』）。この結果、翌一九四一年末の時点で一〇〇を超える興亜少年・少女隊が結成され、結成した府県は長野県を含め一七県を数えた（『満州開拓年鑑　康徳九年・昭和十七年版』）。

## まなざしを背に

一九三九年六月二〇日、渡満部隊は「主催者、市町村長、学校長をはじめとする各団体員、学校生徒が手に日の丸の旗を持つ」なか長野駅を出発した。第一二中隊は新潟港、第一三中隊は敦賀港から渡満し、それぞれ勃利訓練所に入所した。

小学校や村をあげての見送り、長野市や内原訓練所における壮行会といった出征兵士と同じようなセレモニーの場で、学校長・父兄・児童生徒や地域の人びとは、万歳三唱や拍手などの声援を送りながら、義勇軍に温かいまなざしを注いだ。義勇軍はまなざしを背に「鍬の戦士」の道を歩み出した。

一方で、こうしたまなざしが注がれなかった義勇軍も存在した。四月一六日に内原に向かった義勇軍訓練生六〇〇〇人に対し、渡満する義勇軍は五〇七人である。約一〇〇〇人の少年が、何らかの事情で内原訓練所を退所し、青年義勇隊訓練生を断念して渡満壮行会の場にいなかったのである。

### 義勇軍の素顔

図25　義勇軍（『拓け満蒙』第2巻第10号、1938年10月）

これは、『拓け満蒙』第二巻第一〇号（一九三八年一〇月）の表紙を飾った義勇軍である（図25）。目次には、「表紙　我等は若き義勇軍」とある。ポスターに描かれた「鍬の戦士」のイメージとは異なり、素朴さと凛々しさが漂う〝純真〟な少年である。

表紙を飾った少年（前列中央）は、

七月一九日に内原訓練所に入所した諏訪郡湖南村（現諏訪市）出身の少年（一六歳）であった。一九四一年一〇月、浜江省葦河《いが》県長崗《ちょうこう》に開設された第一次長崗義勇隊開拓団に入団し、戦後引き揚げている（『長野県満州開拓史　名簿編』）。写真は、九月四日に内原訓練所で行われた壮行会の時に撮影されたものと思われる。

『拓け満蒙』の表紙を飾る義勇軍が我が息子と知った父親の気持ちはどのようなものだったのか。何と、このことを知った父親が満州移住協会宛に送った喜びの手紙が、翌第一一号「読者の声」に掲載されたのである。

アツ！　倅だ！　本誌上で対面

実は小生倅金井広利（十六才）が去る七月義勇軍として内原に内地訓練中に御座候。図らずも奇なるかな拓け満蒙十月号の表紙の写真の一番前に写されたのが小生倅に御座候―。役場及び学校の勧誘の努力の結晶に依り本村より七名の義勇軍を出し以後続々勧誘致し居る折柄、かゝる勇姿の写真に一層の馬力加はり候事とて、小生も其嬉さたとへん方なく候。

各所にて写真も沢山写し候へ共どれも〳〵本人の顔と違ひ居り残念致し居り候処、

只今述べ候写真は本人そつくりにて候、今迄の写真が本人と違ふ様に見えるのが残念に候間、御誌十月号表紙は永く〳〵記念と致す所存に御座候（『拓け満蒙』第二巻第一一号、一九三八年一一月）。

満州移住協会宛に送った手紙の日付は九月二八日。手紙の文面から、父親は『拓け満蒙』を毎号購入していたことがうかがえる。

手紙で注目したいことは、『拓け満蒙』に掲載された義勇軍の写真のなかに我が子を探す父親の姿であり、こうした写真が湖南村出身義勇軍のその後の勧誘・募集に「一層の馬力」となると確信していることである。

さまざまな媒体に描かれ／映された義勇軍と、学校／村／県／内原というそれぞれの場で何度も眼にする義勇軍。こうした義勇軍に注がれるまなざしもまた、義勇軍送出の後押しとなったのである。

# 大陸の母になる

# 義勇軍の保姆・寮母

## 義勇軍保姆の募集

一九三八（昭和一三）年一〇月、満州移住協会は、満蒙開拓青少年義勇軍保姆《ほぼ》を募集した。

満蒙開拓青少年義勇軍保姆募集要綱

財団法人満州移住協会

満蒙開拓青少年義勇軍は本年四月から続々渡満し、それ〴〵満州の現地訓練所で勇躍開拓訓練にいそしんで居りますが、何分十六歳乃至十九歳迄の少年が家庭を離れての共同生活でありますから訓練の一面に母性的保育が必要であります。夫で今回左記要綱により義勇軍の保姆を募集し、四ケ月間内地で必要な養成教育をした上、満州五ケ所の現地訓練所へ配属することとなりました。義勇軍の大きな使命を果させる為、皇国の母性を代表して優秀な婦人の応募されんことを望みます。

保姆の募集にあたり満州移住協会は、保姆を必要とする理由を「兎角殺風景になり勝ちな現地の生活に何とかして温かい母の手を与へ、優しい女の世話を与へてやりたい」「いはゞお母さん代りの優しい婦人を送つて、母として姉としていろ〳〵面倒を見てやれば少年諸君がどれ程慰められるか判らない」と述べ、「母性的保育」とは「男の幹部では気のつかぬこと」を「かゆい所へ手の届くやうに世話」をすることと説明した（『拓け満蒙』第二巻第一二号、一九三八年一二月）

募集要綱によると、応募資格は「年齢二十五歳以上四十五歳未満の寡婦及独身者で身体強健、性情公正、意志鞏固《きょうこ》な人」で「義勇軍訓練生の母は優先的に採用」であった。採用人数は「差当り五十名」、募集締め切りは一一月一〇日で、「仮採用後」は満州移住協会員の引率により上京し、満州移住協会委託養成所である東京市渋谷区千駄ケ谷聖和学苑と日本国民高等学校女子部で養成教育を受け、一度郷里に戻ったのち渡満する。渡満後は現地訓練所内で提供される宿舎に住み、所長を中心に訓練生と日常生活を共にし、「日日触るゝ範囲に於て何くれとなく訓練生の生活の保護指導に当るもの」とされた。俸給は月額六〇円以上で、「原則として三ケ年は服務する義務」があった。

採用人数は、すでに義勇軍の三分の二が送出されている状況を考慮し、「試験的の意味」

で「差当り五十名」とされ、東北六県と長野県、および第三次以降満州移民の送出に積極的であった熊本県を中心に保姆の募集が行われた。

この時期に保姆を募集した理由は、一九三八年に「義勇隊が渡満した際、或る訓練生の母親が我子と共に満州に渡り、多くの青少年の世話をしたいと申し出たので、これを許したところ非常な好結果を齎《もたら》したといふ実例もあつて実現する運びとなつた」といわれる(『興亜の先駆』)。

これを受け長野県は、一〇月三一日、市町村長・職業紹介所長・学校長・愛国婦人会長野支部長宛に、「青少年義勇軍保姆募集ノ件」と題する学務部長名の通牒を出し、「国策移民ノ意義ヲ克ク理解シ訓練生ノ生活ノ保護指導ニ誠意ト慈愛トヲ以テ当ル優秀ナ婦人ヲ多数御推薦」するよう依頼した(『長野県報』第一二〇八号、一九三八年一〇月三一日)。

募集の結果、長野県五二人・宮城県四六人など総計二三六人が応募し、うち六二人が仮採用となり、最終的に長野県一一人を含む五四人が採用された。何れも「義勇軍の母として及ばず乍《なが》ら国家の為に尽したい」と申し出た「健気な婦人許《ばか》りで、当局者を感激」させたという(『拓け満蒙』第二巻第一二号、一九三八年一二月)。

| 時間 | 項目 | 内容 |
|---|---|---|
| 5:00 | 起床 | ドラの合図にて起床、洗面、4列縦隊で明治神宮へ |
| 5:30 | 明治神宮参拝 | 一同無言、1時間ほど |
| 6:30 | 朝の行事 | 日本体操、弥栄三唱、植民の歌・建国歌の唱和 |
| 7:00 | 朝食 | 朝食の前に炊事、清掃作業 |
| 8:30-10:00 | 園長の訓話 | |
| 10:00-12:00 | 講話 | 満蒙問題、海外事情、国際問題、訓練所の現況 |
| 12:00-13:00 | 昼食 | |
| 13:00-15:00 | 講話 | 栄養に関するもの、実習 |
| 16:00-18:00 | 講話 | 看護法防疫学、生理衛生学、人工呼吸・包帯実習 |
| 18:00 | 夕食 | |
| 19:00-21:00 | 学習 | 情操教育、年中行事の解説・方法、詩吟、手工を習う |
| 21:00 | 自由時間 | 自習、お裁縫、手紙 |
| 21:30 | 就寝 | ドラの合図にて就寝 |

表6　聖和学苑における保姆養成教育（『拓け満蒙』第3巻第1号、1939年1月より作成）

## 聖和学苑での養成教育

内地の保姆養成所となった聖和学苑は、苑主である小松千莎《ちさ》が開設した女子専門学校である。入学資格を高等女学校卒業程度の学力を有する結婚適齢期の陸軍将校令嬢とする学校を併設していたため、「陸軍の花嫁学校」と呼ばれていた。一九三五年の開校時には、国体の神髄・法律常識・育児法・冠婚葬祭常識・家庭衛生・家庭経済など四〇の講座が開設され、吉田熊次（倫理学）、入沢宗寿（日本精神）、中村孝也（国文国史）、下田歌子（母性問題）などが講師を務めた。授業料は無料で、将校の妻の聴講も許可されていた（四月一四日付『東京日日新聞』）。

聖和学苑が保姆養成所となった理由は、「陸軍の花嫁学校」が併設されていたことに加え、小松千莎が女子訓練や満州移住に関する知識を持ち、保姆養成に適役と考えられたためという。

一一月二六日、五四人が聖和学苑に入り、保姆養成教育が始まった。内原訓練所における義勇軍訓練と同様の教育であるが、情操教育、祭りや七夕など年中行事の解説、手芸・折紙など、保姆に必要な教育も行われた（表6）。

女性たちは、青葉・高千穂・芙蓉・雪など県にゆかりのある名がついた七室に分かれ生活した。各室には主婦長と助長が置かれて「一家を形造り」、「日本の子供の母となる婦人はやはり日本の母としての婦人でなければならない」という考えによる「一人の足らざるは全部の足らざることゝして矯正し合う」生活であった（『拓け満蒙』第三巻第一号、一九三九年一月）。

一九三九年一月七日早朝、保姆たちは、新たに制定された制服姿で宮城を遥拝したのち、靖国神社を参拝し「皇国の礎となつた尊い勇士の英霊に寮母の理想達成を祈つた」（図26）。制服の色は義勇軍の制服と同じく国防色で、現地訓練所の生活にふさわしい型が選ばれたという（『拓け満蒙』第三巻第二号、一九三九年二月）。

図26　保姆の靖国神社参拝（『拓け満蒙』第3巻第2号、1939年2月）

## 保姆の渡満

聖和学園で養成教育を受けた保姆たちは、一度帰郷したのち、三月二三日から約一週間、日本国民高等学校女子部で保姆養成教育を受けた（図27）。

四月一日、四九人の保姆が渡満した。五人が諸般の事情で辞退した、あるいは最終的に採用されなかったことになる。保姆たちは、神武天皇祭の三日に新京に到着、翌日関東軍を訪問したのち、哈爾浜特別訓練所を経て各訓練所に到着した。

寧安訓練所に八日に入所した保姆五人は、『主婦之友』編集部に送った「渡満した大陸

図 27　「日輪兵舎の間を颯爽と行く保姆指導員」(『主婦之友』第 23 巻第 4 号、1939 年 4 月)

の母の現地通信」のなかで、入所した時の気持ちを、次のように述べている。

　歩兵銃の高さよりも低いやうな、十六七の少年の身で、両親の慈愛の手を遠く離れて一千里、満州開拓の大使命を帯びて、焼けつくやうな真夏の炎熱にもへたばらず、零下何十度の酷寒にも耐へて、堂々と元気一杯に働きつゞける訓練生―是が非でも、青少年義勇兵は一人残らず成功させなければなりません。そして故郷の御両親たちにも喜んで頂けるやうにしなければ、と思ひますと、私たちは女子指導員として、この大業に参加できることを、しみぐ〳〵と幸福に思はずにはをられません（中略）。

何せ、義勇隊とは申しましても、まだ恋しい父母の許で甘えてゐたい年頃の青少年です。それだけに、私たちは、この人たちの慰安者として、保姆として、指導員として、はるぐ〳〵こゝまでやつて来ましたことを本当に悦ばしく感じてをります（『主婦之友』第二三巻第六号、一九三九年六月）。

保姆としての意気ごみと使命がにじみ出た内容となっている。

四月当初の「大訓練所職員配備員数表」によると、鉄驪・勃利・嫩江と新設する対店の四大訓練所に一〇〇人の保姆が配属される予定であった。だが、八月一日現在の「訓練所職員一覧表」には、大訓練所（嫩江・鉄驪・勃利・孫呉）と特別訓練所（昌図・哈爾浜）、および乙種小訓練所である寧安訓練所の計七カ所の保姆は三七人である。保姆の配属が遅れていたのである。

また、三三人の保姆を対象とした「学歴調」（五月一五日現在）によると、高等女学校卒業が一六人と半数を占め、ついで小学校高等科卒業八人、実業補習学校四人、裁縫学校・看護婦学校各二人、その他一人であった（『満州開拓月報』第二巻第四号、一九三九年九月）。

## 二度目の募集

二度目の募集（四〇人）は、関東・長野県を除いた中部・近畿地方の三府一九県を対象に行われた。

「満蒙開拓青少年義勇軍女子指導員（寮母）募集要綱」によると、応募資格は「年齢二十五歳以上四十五歳未満の寡婦又は独身者」で身体強健にして性情公正、意志強固にして「女子中等学校卒業程度以上の学歴有る者」であった。名称が保姆から寮母に変わり、「女子中等学校卒業程度の学歴」が新たに追加された。

また、「年齢三十歳乃至四十五歳迄の寡婦又は独身者」で、女子中等学校を卒業していなくとも「人物性情衆の範」となる者も採用する、「女子指導員（寮母）の任地に於ける生活」は「現地訓練所の所定の宿舎に居住し、所長を中心に訓練生と日常生活を共にし、訓練生の保護撫育《ぶいく》に当る」とされた。

一九三九年三月一五日の締め切り後、各府県で行われた面接で三四人が仮採用となり、五月一九日から聖和学苑、七月中旬から日本国民高等学校女子部で訓練を受けた。二つの訓練施設では、「学科、実習を通じ時と処に応じ最も適切に職務を遂行し得る実力を養成せしめる方針」にもとづき、日本精神・婦道・満蒙開拓問題などの認識を深める学科と、栄養看護・防疫衛生・作法などの実科、および日本体操・農業実習などが課せられた。

日本国民高等学校女子部での第二次訓練は、午前四時半の起床に始まり、炊事・洗濯・下水汲み出し・農場実習・家畜世話・風呂などの室外教育、農業知識一般・満州事情講座・修養講座・和裁実習・防寒服作成などの室内訓練と情操教育が行われた。情操教育は、生花・茶の湯・和歌などで武道に直結する「開拓地における子弟教育にあたる女性の欠くべからざる精神訓練」として最も重視された。

訓練を終了した第二陣となる寮母三一人は、一〇月九日に東京に集合、拓務大臣官邸での壮行会、伊勢神宮参拝をへて渡満し、鉄驪・勃利・嫩江・対店の各訓練所で訓練を受けたのち、現地訓練所（八カ所）に二人から四人、満鉄自警村訓練所に一〇人が配属された（『新満州』第三巻第一一号、一九三九年一一月）。

この結果、最初の募集と合わせ八〇人の寮母が、哈爾浜・昌図特別訓練所、満鉄自警村訓練所を含む一三カ所の現地訓練所に配属された。寮母の年齢は二五歳から四九歳に及び、学歴も小学校高等科卒業から専門学校卒業まで多様となった。「年齢三〇歳、高等女学校卒業者」というのが平均的な寮母であったという（『満州開拓年鑑　康徳七年版（昭和十五年）』）。

**その後の寮母**

三回目の募集は、中国・四国・九州（熊本・沖縄を除く）地方を対象に、一九三九年九月一五日を締め切りに三〇人が募集された。応募資格は、「年齢三十歳以上四十五歳迄の寡婦又独婦又独身者」、「身体強健にして（呼吸器、循環器、泌尿器、神経系等の疾患あるものゝ外、トラホーム、脚気、痔疾、伝染性疾患のあるものは採用せず）、性情公正、意志鞏固にして女子中等学校卒業程度の学歴を有する者」とされた（『満州開拓年鑑　康徳八年・昭和十六年版』）。

応募資格の年齢が二五歳から三〇歳に引き上げられ、「身体強健」の条件も具体的に規定されるようになった、男性義勇軍幹部に近い、指導員的な意味あいが強まったことがうかがえる。

採用された二四人の寮母は、内地の訓練を終えて、一九四〇年四月一日に敦賀港から渡満し、満鉄自警村訓練所を含む八カ所の現地訓練所に入所した。国防色の制服を着た一行のなかに、義勇軍訓練生の「白木の遺骨」を抱えた寮母がいた。遺骨は、一九三八年勃利訓練所に入所、病気のために帰国したが一月二七日に亡くなった義勇軍訓練生のもので、「骨だけは大陸に埋めて欲しい」という遺言を受けてのことであった（『新満州』第四巻第六号、一九四〇年六月）。

その後、寮母の募集は一九四三年までさらに五度行われた。ここで留意したいことは、募集年齢と資格がたびたび変更されたことである。

二度に分けて募集された一九四〇年度、五月の募集（四〇人）では年齢が二五歳以上四五歳未満となり、「身体強健にして志操堅実、特に情操豊なる者」という項目が追加された。だが、一〇月三〇日締め切りの募集（四〇人）では二五歳以上四〇歳未満となる。この時採用された寮母は一二月に聖和学苑に入所し、翌年三月二八日に二八人が渡満した。

こうした変更も影響したのか、渡満した寮母の正確な人数は定かではない。『長野県満州開拓史　総論』では『満蒙開拓青少年義勇軍寮母名簿』にもとづき、寮母は一九四三年九月募集の第八期生まで計八回募集され、長野県一五人を含む二一一人が「入所」と記されている。これに対し、『満州開拓史』には、第一期生から一九四五年の第八期生まで合計二二九人という表が掲載されている。

### 保姆・寮母のイメージ

では、どのような女性が保姆・寮母となったのだろうか。

最初に渡満した保姆の年齢は二四歳から、夫と死別して愛児を義勇軍に出した四九歳までで、職業も「産婆、看護婦、寡婦、教員」などであった。長野県出身者（二七歳）は「夫が今次事変に応召し乍ら病に斃《たお》れて御奉公をすることが出来なかつたので、夫の身代りとなつて義勇軍のために働きたい」、青森県出身者（二七歳）も「夫が満州事変のために傷痍軍人として帰還し遂に不帰の客となつたので、夫の遺志を継ぎ、遺牌を背負つて満州建国に微力を尽したい」、京都市出身者（三三歳）は「目下夫が支那事変に出征中であるが、夫と共に東洋平和の為に働きたいと、一子を郷里に残して東上した」と述べている。夫婦そろって、あるいは義勇軍の愛児とともに、またあるいは「一子を郷里に残して」など、さまざまな保姆がいたことがわかる（『拓け満蒙』第三巻第一号、一九三九年一月）。

図28は、『拓け満蒙』第三巻第二号（二月）の表紙を飾った「義勇軍の保姆」である。

図28　義勇軍の保姆（『拓け満蒙』第3巻第2号、1939年2月）

バックに靖国神社の鳥居があることから、一月七日の靖国神社参拝の時に撮影された、第一陣となった五四人の保姆のうちの一人と思われる。この女性が、寡婦か独身者か、義勇軍の母なのか定かではない。だが、保姆の制服を着た清楚な姿から、義勇軍の母・姉として、義勇軍の保育にあたる「母性」が醸し出されている。

こうした保姆・寮母のイメージを物語るように、『拓け満蒙』第三巻第八号（八月）に、田郷虎雄作「戯曲　制服の母たち」が掲載された。「満州の奥地にある××青年義勇隊訓練所の寮母の宿舎」で生活する寮母長の小杉清乃（三四、五歳）と若い寮母四人の物語である。

作品では、一三歳と一一歳の兄妹を実家に預け寮母長になった小杉と、若い寮母との間で次のような会話が交わされた。

良子　ぢや、旦那さまは？　失礼だけど。
清乃　小さい方の子が生れた年に、病気で亡くなりましたの。…だから私が働かなけりやならなかつたの。そして、働き口は村にだつてあつたんだけれど、その狭い村のことや子供の将来のことを考へると、こゝらでひとつ決心をする必要があると思つたもんですから…。でも、さて来てみるとね、やつぱり子供のことが…（みんな大きく肯く）。笑はないでね、寮母長などといふ責任のある立場にありながら、自分が真先にこのごろでは、トンコン《屯墾》みたいな気持でゐたんですから。（きつぱりと）でも、もう大丈夫、もう大丈夫…。私の子供は決して二人だけではありません。この広い天地に、二千人も三千人も、どつさり、どつさりをります。
静江　ほんたうよ、ほんたうよ。
末子　けど、故郷のお子さん方は将来どうなさるおつもり？
清乃　むろん呼びます。この大陸へ。…男の子は義勇隊へ、女の子は、やがて大陸の花嫁に。…だから私には、今に何百万人といふ可愛いゝ子や孫が出来ますわ。
静江　（テーブルを叩いて）えらいツ、小杉さん！　それでこそ大陸の母よ、私達の寮母長よ（『新満州』第三巻第八号、一九三九年八月）。

夫と死別し愛児を故郷に残したまま渡満した三〇代の女性が、寮母長として描かれている。若い寮母の年齢は定かではないが、保姆・寮母のイメージは、若い独身者よりも、愛児が出征中ないし義勇軍となった寡婦の方が強かったようだ。義勇軍の姉よりも、義勇軍の母の方が、「母性的保育」に適していると思われたのだろうか。

南満州鉄道株式会社（満鉄）が発行する月刊グラフ誌である『満州グラフ』に紹介された「大陸の寮姆《はゝ》」もその一人である。

寮姆さんにはたつた一人の子供があつて今は北支の野に一兵士として戦つてゐる。そこで自分も一身をお国のためにかうして寮姆と云ふ名前だけでなく、全身全霊を以て拓地に戦ふ人々へのよすがともなるべく、貧しい愛とよろこびとを感じ合つてゆくことが、土の若人達を励ますことにならうと、さう思つて一生でもここにかうしてゐたいと云ふのである。

彼女にとつての娯《たの》しみは丈夫で若い人々の世話をすること、そして戦地の息子から元気な便りを受けること、その息子に朗かな便りを書いてやること、それをおいて他に何もなかつた。そして彼女にはまはりの若い人々がみんな元気な自分の子供の様に見えてくるのである（『満州グラフ』第九巻第四号、一九四一年四月）。

戯曲と『満州グラフ』のルポで注目したいことは、保姆・寮母が、一義勇軍兵士の母だけでなく、渡満する義勇軍や大陸の花嫁、「拓地に戦ふ人々」の模範的な母、文字通り「大陸の母」とみなされていることである。保姆・寮母には、こうしたイメージが強く刻印されていた。

## 寮母の仕事と責務

### 「母性的女性的愛情」

寮母の仕事と責務は、作業の指図や学課の指導と云ふ様な堅苦しい理論や技術の指導ではなくて、服のほころびをつくろひ、話相手であり、病床に於てのやさしい看病人なのであつて、訓練生の母となり姉となって面倒を見てやる事であり、その中からやゝともすれば荒漠たる気持になり勝ちな彼等に、愛情を与へ、母性的、女性的愛情の雰囲気を醸成して情操の指導を行ひ、生活の温和を与へる事であり、只彼等と共に生活すると云ふ事それ自身が最も有意義且有効な責務であるのだ（『満州開拓年鑑 康徳七年版（昭和十五年）』。

義勇隊訓練所に於ける唯一の女性指導員であり、遠く故郷を離れた青少年のよき母となり姉となつて、服のほころびをつくろひ、話相手となり、病床に於けるやさしい看病者となつて面倒を見てやるのがその仕事である（『満州開拓年鑑 康徳八年・昭和十六年版』）

寮母に求められたのは「堅苦しい理論や技術の指導ではなく」、「荒漠たる気持になり勝ちな」義勇隊訓練生の「服のほころびをつくろひ、話相手」となるなど、「母性的、女性的愛情の雰囲気を醸成して情操の指導」を行うこととされている。

こうした満州拓植公社の公式見解と同じく、『主婦之友』第二五巻第二号（一九四一年二月）に掲載された「大陸建設移住者の手引」においても、寮母の役目は、以下のように記されている。

寮母は、青年義勇隊の男ばかりの大所帯に温い家庭的雰囲気を与へるのが役目で、炊事や洗濯の手伝ひをしたり、綻びを縫つてやつたり、病気の看護もすれば、屯墾病（懐郷病《ホームシック》）の少年を優しく慰めて再び起つ勇気を与へてやるなど、全く文字通りのお母さん役なのです（『主婦之友』第二五巻第二号）。

## 寮母の生活

では、寮母の生活は実際どのようなものだったのか。先に紹介した「渡満した大陸の母の現地通信」によると、一九三九（昭和一四）年四月に寧安訓練所に入所した寮母五人の一日は、午前五時半起床、七時半朝食、八時半作業開始、一一時半作業中止、午後三時おやつ、五時作業中止、七時点呼、八時消灯と、義勇隊訓練の日課にあわせたものであった。寮母の仕事でユニークなものは、数百通の手紙と数十個の小包を、馬車に揺られながら遼陽市の東京城《トンキン》に受け取りに行くことであった。小包の多くは内地からの慰安袋であった（『主婦之友』第二三巻第六号、一九三九年六月）。

同じ時期、嫩江訓練所には六人の寮母が入所していた。平均年齢は二八・八歳。最年少の長野県出身の女性（二六歳）は、「弟が関東軍の兵士として満州」におり、「両親もいない」ため、役場から寮母募集のことを聞いて「すぐ応募した」という。また、「戯曲　制服の母たち」の小杉清乃と同じように、夫と死別し「将来はいくらかでも意義のある生活をしたい」と子ども二人を実家に残して応募した元教員（三一歳）や、教え子二人を義勇隊に送出したことを機に「大陸開拓の人びとのために何かお役にたちたい」と寮母になった教員（三一歳）もいた。

彼女たちの生活も、午前五時半起床・礼拝、七時朝食、八時作業開始、一二時昼食、午後二時作業開始、七時夕食、九時消灯と、寧安訓練所の寮母と同様に義勇隊訓練所の日課にあわせたものであった。

主婦之友社が企画した座談会で、嫩江訓練所長は、寮母は「女の先駆移民」「初代の移民」で、寮母の仕事は「定《きま》りきつたこと以外の仕事、男の気づかない仕事」と語った。これに対し寮母たちは、「私達の仕事は、高いところにゐて指導するとか、講義して聞かせることではなくて、たゞもう温い母親の心で生徒に接してゆけばよいのだ」と応えた。また、寮母に対する呼称については、「先生なんて呼び方をする者は殆どをりません。多いのがをばさん、姉さん、それからお母さん、時には婆さんなんて言う子供もゐます」と述べている（『主婦之友』第二三巻第一一号、一九三九年一一月）。

## 寮母の配属状況

「訓練所機構表」によると、寮母は、教学・農事・教練・軍務指導員と同じく、一中隊に一人とされた。一人の寮母が三〇〇人の訓練生の世話をすることになっていた。

しかし、中隊への配属は、寮母の出身府県とは関係なく、複数の中隊に一人、あるいは一つの中隊に複数の配属など、訓練所の状況によってまちまちであった。

一九三九年九月、鉄驪訓練所で行われた「義勇軍と父兄の座談会」において、所長は二五〇〇人の生徒に対して「寮母六名で中々真の父母になりきれないので悩んで居ります」と述べている（『新満州』第三巻第一一号、一九三九年一一月）。また、大日本連合婦人会が、紀元二千六百年式典参列のために一九三九年一一月に帰国した各訓練所の寮母七人を対象に企画した座談会のなかでも、拓務省東亜課は、「寮母は最初の一年間だけ面倒を見る方針」であったが「二年度にも三年度にも寮母にゐて貰ひたいとの要望が多い」ため、「一中隊に二人くらゐの寮母にした」いと語っている（『家庭』第一一巻第一号、一九四〇年一月）。

一九四一年一〇月一日現在、満鉄自警村訓練所を除いた三五の訓練所に配属された寮母は、一二一人（最年少二五歳、最年長五〇歳）に過ぎなかった。配属される寮母が不足していたのである（『満州開拓年鑑　康徳九年・昭和十七年版』）。

## 「母性的保育」

寮母不足に加え、寮母を悩ませたのが、寮母の責務である「母性的保育」であった。義勇軍訓練生が寮母に求める「母性的保育」は、義勇隊訓練生の年齢や境遇、性格といった個人的な事情により、さまざまであったからである。

「母性的保育」に関する寮母の悩みは、『新満州』をはじめとする雑誌編集部がたびたび企画した寮母との座談会で、寮母から赤裸々に吐露された。

『新満州』第三巻第一一号（一九三九年一一月）に掲載された「大陸の母となつて半ケ年　義勇軍寮母の手記」には、昌図・鉄驪・嫩江・寧安の各訓練所に配備された寮母により「嬉しい生徒の純情」「母として姉としての務め」「寮母として生きる幸福」が語られる一方で、以下のような記述がみられた。

ある時は若年の生徒に親切にし過ぎて大きい生徒の嫉妬を買ひ、又病気休養者に同情し、屯墾病者を顧みなかつた為反感を受けたり、長病人の肌着を洗濯して上げたら、次ぎから山のやうに洗ひ物を出され面喰《めんくら》つて、その対策に腐心して見たり、頼まるゝまゝに幹部の衣服を洗濯して上げた為、「寮母さんは幹部のために此処へ来られたのですか」と皮肉な質問を受けて苦しんだり致しました（『新満州』第三巻第一一号、一一月）。

さらに、「義勇軍の母となつて一年　体験を語る寮母の座談会」（『新満州』第四巻第五号、一九四〇年五月）においても、「母や姉のやうに思つてくれる」という喜びや「大きな母親の感化力」を語りながらも、屯墾病の訓練生への対応や「年齢によっていろ〳〵取り扱いが異なる」ことなどの苦労が述べられている。

この座談会で注目したいのは、「寮母を志望する女性に対する希望」について、記者と寮母とのやりとりである。

寮母　お金儲け主義、つまりサラリーマンの気持ちで来て貰はなければいゝのです。

記者　要するに義勇軍として行く者、開拓者となつて行く者、或ひは寮母となつて行く者も、心掛けは皆同じだといふことになる訳ですね。

寮母　理想は高く持つても、仕事はこつ〳〵あせらずにやらなければ駄目ですね。

寮母　さうですね。理想は高く持たなければなりませんが、寮母のやる仕事は低いのですから、来て幻滅の悲哀を感ずるやうなことがあるのですが、其の辺は覚悟して来て貰ひたいです（『新満州』第四巻第五号、五月）。

「寮母のやる仕事は低い」という語りにどのような思いが込められているのかは定かではないが、「来て幻滅の悲哀を感ずる」ことも多々あったのであろう。

### 女教員が見た寮母

一九四〇年八月、拓務省は「満州に於ける女子移民の問題及び花嫁の問題」「青年義勇隊訓練所寮母の問題」「開拓地子弟の教育問題」など一〇項目の調査のため、全国小学校連合女教員会「満鮮視察団」を派遣した。視察団は、八月五日から二九日まで約一カ月、満州の開拓地と新京・大連・奉天・京城などを視察し、一八日には、吉林省舒蘭県四家房大日向分村にも足を運んだ。一行の団長は、視察課題の一つである「青年義勇隊訓練所寮母の問題」について、次のように報告した。

寮母は、拓務省のよき思付きであると思ふ。拓士は皆器用に仕込まれて居るから、食事の仕度も、衣服の整理も殆ど女手を要しない。否女よりも科学的に上手にやつてゐる。唯どうしても足りないものは潤《うるおい》である。故に寮母は春日の局でなければならぬ。そして優秀女教師の尊厳も必要だと思つて来た。故に其の服装勤務の範囲等は能く整理して欲しいと痛感して来た（『教育女性』第一六巻第九号、一九四〇年九月）。

「春日の局」とは徳川三代将軍家光の乳母であるから、義勇隊の母親代わりを期待していることがわかる。「服装勤務の範囲等は能く整理して欲しい」という要望は、寮母が担当する郷土中隊の隊数や範囲が不明確であることと思われる。

視察団の一行は、全国小学校連合女教員会の機関誌である『教育女性』第一六巻第九号に寄稿した「視察記」において、「寮母と申して訓練生の御世話をして頂く方がありますが、この方面にもほんとうに献身的な母性愛をもつて訓練生の面倒を見て下さる方が必要」、「男子だけで完成し得る永遠の楽土はない。必ずそこには健全な女子の共に在ることを必要とする」ことを指摘した。寮母の質と量の両面において課題が山積していたことがうかがえる。

## 寮母の課題

一九四二年二月二七日、満州国防婦人会の主催により、長野県出身者三人（三三歳と三〇歳の二人）を含む二〇人の寮母の激励座談会が新京で行われた。北海道から鹿児島県まで全国から応募した女性が寮母になる覚悟を述べるなか、長野県出身の寮母は、「私には力が無いけれどやれるだけの事をやらせていただきたい」「浅間山麓の生れで寒さには驚きません。汽車で窓から見ると、広々とした田圃を見た時、あの田圃の中にも培はれた先輩の力がある。あの田圃の中でこれからやるのだと思ひました時、嬉しい気がしました」と決意を述べた（『開拓』第六巻第五号、一九四二年五月）。

しかし、こうした決意とは裏腹に、寮母の職務にはさまざまな問題が生じていた。八月、教学奉仕隊として渡満した下高井郡平穏《ひらお》村（現山ノ内町）平穏国民学校の田川光男は、寮母について、次のように報告している。

幹部としての寮母も、中隊に一名配属といふ事になつてゐるが、実績は上つてゐない。これは人格にもよるが、年齢が若過ぎる事や知らない所に配属になる等の点もある。家庭に於ける主婦の使命を持つ寮母であれば、余り若からず又老いず、三十から四十才位の人格の円満な人が欲しい。これも郷土中隊には郷土から送出する様にせねばならぬ。寮母の必要は渡満一年次中隊に奉仕して見て、訓練生に衛生方面の看護婦としての仕事と指導、炊事の指導、被服修理の仕事や指導、子供の細かな話、精神的な問題に優しく指導して行く点に於て是非必要であると感ずる（『信濃教育』第六七三号、一九四二年一一月）。

田川が満州から帰国した翌一〇月九日付『信濃毎日新聞』は、一〇月に採用された寮母二〇人のうちの一人である上伊那郡南箕輪村出身の女性（二九歳）の「義勇軍の皆様に心からお仕へし、事情の許す限り向ふで骨を埋める考へです。これからは男の方ばかりでなく、女子もドン〴〵行かねばならぬし、その時節も近く来ると思ひます」というコメントを掲載した。

しかし、この時期に渡満した寮母の数は、最初に渡満した寮母の半数以下であり、かねてから指摘されていた寮母の課題も解決される兆しはなかった。すでにこの時期、義勇軍は約七万人を数えた。一中隊に一人配属という原則にもとづくと、寮母は約二三三人が必要であったが、実際は一五〇人程度であった。

寮母の募集と送出が計画通りに行われなかった要因としては、寮母の応募資格が何度も変更されたこと、寮母の責務であった「母性的保育」があいまいであったことに加え、訓練を終了した義勇隊開拓団のなかに結婚適齢期を迎えた者が現われたこの時期、義勇軍にとって必要であったのは寮母よりも、義勇軍の配偶者であったことが考えられる。

# 大陸の花嫁を送る

## 義勇軍配偶者の養成と送出

### 「大陸の花嫁になるには」

大陸の花嫁となるには、拓士のやうに必ず特殊な訓練を受けねばならぬといふ規則はありませんが、現地生活に即した家事、衛生、育児の知識を得、農事に慣れ、共同生活の精神を体得するために、なるべく訓練所生活を経た方が望ましいのです。

大陸の花嫁養成専門の常設訓練所は、女子拓植訓練所日満女塾（大阪府枚方にあり、期間三ケ月、費用は全部会で負担）くらゐのものですが、茨城県内原友部の国民高等学校女子部などでも同じ目的が達せられます。また各道府県の修練道場や農民道場などで、屢々《しばしば》短期間の女子拓植講習会が催されますから、それにぜひ参加してください。長野県広岡村桔梗《ききよう》ケ原《がはら》にある女子拓務訓練所のやうに、県立の常設女子道場も追々各地にできる状況にあります（『主婦之友』第二五巻第二号、一九四一年二月）。

右の文章は、「大陸建設移住者の手引」における「大陸の花嫁になるにはどうすればよいか」という質問に対する、日満帝国婦人会の西尾好子による回答である。
回答で言及された「女子拓植訓練所日満女塾」とは、日満帝国婦人会が一九四〇(昭和一五)年一〇月、大阪府北河内郡枚方町(現枚方市)に設立した関西日満女塾のことである。

日満女塾は、開拓団女子指導員に必要な徳性・技能と、大陸へ進出する「興亜女性」に必要な訓練を施す施設で、入塾資格は、一七歳以上三〇歳未満、高等女学校卒業同等程度の学歴を有する、志操堅実・身体強健な女性であった。すでに日満帝国婦人会館内(東京市淀橋区西大久保、現新宿区)に中央日満女塾が設立され、千葉県君津郡大貫町(現富津市)に関東日満女塾、佐賀県武雄町(現武雄市)に九州日満女塾が設立予定であった。

## 桔梗ケ原女子拓務訓練所

一方、「長野県広岡村桔梗ケ原にある女子拓務訓練所」とは、長野県立御牧ケ原修練農場のような農林省が主管する各府県立修練農場(農民道場)とは別に、長野県が全国に先駆けて一九四〇年七月、東筑摩郡広丘村(現塩尻市)に設置した長野県立桔梗ケ原女子拓

図29　長野県立桔梗ケ原女子拓務訓練所（『写真週報』第139号、1940年12月）

務訓練所のことである（図29）。

県立桔梗ケ原女子拓務訓練所の設置計画は、「現地からの花嫁斡旋希望等が日を逐《お》うて深刻な問題となる実情と内地に残る農村女子の将来問題を絡み合せて益々緊急を要する情勢に達し」たことにより生まれ、早くも一月二八日付『信濃毎日新聞』は、「全国に魁けて生る　女拓士訓練所　五月から桔梗ケ原に出現」と報じていた

建物敷地は五〇坪で、本館（講堂・事務室・応接室・寮母室・農具室・加工室）一棟、寮舎四棟、官舎一棟、日輪兵舎（炊事場・浴場）各一棟、畜舎一棟からなり、そこに農場（一万坪）が加わる。訓練所の設計・建築を手がけたのは、内原訓練所の日輪兵舎を設計した古賀弘人で、「満州模範家屋を形どつて建てた」という（『新満州』第四巻第一〇号、

一九四〇年一〇月)。

九月二〇日に行われた訓練所開所式には加藤完治も出席した。加藤は、「内原訓練所と

大陸《たいりく》の妻目指《つまめざ》す乙女部隊《をとめぶたい》

（長野縣桔梗ケ原女子拓務訓練所訪問）

大日向村の分村計畫で名高い信州では、その後續々拓士團を送つて大陸進出に大童となつてゐますが、この七月更に大陸開拓の勇士にふさはしい土の花嫁を養成しようと、全國に先驅けて縣立女子拓務訓練所を創設しました。所は長野縣東筑摩郡廣丘村、北アルプスの連峰を仰ぐ大高原桔梗ケ原は、その名の如くゆかしくも強く咲出づる大陸の花嫁を育むに絶好の錬成場となつて居ります。



図 30 「大陸の妻目指す乙女部隊」(『婦人倶楽部』第 21 巻 12 号、1940 年 12 月)

表裏一体をなして、東亜民族協和の楔《くさび》たらんとする有為の女性が此処から続々と生れ出ることに期待をかける」「此処へ入る女性は入所と同時に満州に渡つたと全く同じ心持で真剣勝負をして貰ひたい」と訓示を述べ、訓練生を激励した（九月二二日付『信濃毎日新聞』）。

第一期長期研修生（一年）は三〇人で、長野県内をはじめ、岐阜県・岡山県・福岡県から入所し、講義・実習からなる訓練に励んだ（図30）。

## 義勇軍配偶者の送出

『主婦之友』誌上で質問が出された一九四一年は、訓練期間を終えて開拓団員として自立する青年義勇隊開拓団が誕生し、内地から送出する開拓団も義勇軍が主力となった年である。それゆえ、質問における大陸の花嫁は、青年義勇隊（義勇軍）の配偶者と考えてよい。

そもそも、既設開拓団が必要とする配偶者は、団員の父兄縁者や花嫁学校・女子拓植講習集会を実施する公的機関の仲介により送出された。だが、青年義勇隊開拓団の誕生とその後の増加により、父兄縁者や公的機関の仲介という従来の方法だけでは、義勇軍配偶者の養成・送出は難しく、義勇軍配偶者の養成を目的とした女子拓植指導者講習会・女子拓植講習会・現地視察などが必要となる。

しかし、これらの講習会や視察は、義勇軍配偶者の養成・送出という結果にはすぐには結びつかなかった。なぜなら、拓務省主催の女子拓植指導者講習会は、地方における女子拓植講習指導者を養成するものであり、修練農場・農民道場・学校を会場に随時開催された女子拓植講習会も、受講者に農村の中堅婦人が含まれていたように、必ずしも大陸の花嫁養成のみを目的としたものではなかったからである。

「女子拓植講習会受講者状況調査」（一二府県対象）によると、一九三八年四月から一九四〇年一二月までの女子拓植講習会の受講者は五一五〇人を数えた。だが、受講後に開拓民配偶者となった者は四八三人（九・四％）に過ぎず、「内地にて妻となりし者」は八三三人（一六・二％）、「未婚その他」が三七一三人（七二・一％）である。

また、開拓民配偶者となった四八三人を対象とした「結婚の動機調査」では、「女子拓植講習会、講演会による者」三〇二人（六二・五％）、「縁故関係の奨励」一〇一人（二〇・九％）、「自発的」四七人（九・七％）であり、「受講より結婚までの年数」では「一年以内」が三二二人（六六・七％）を占めた（『女子拓植指導者提要』）。

女子拓植講習会受講後に開拓民配偶者として実際に渡満する女性は一割に満たず、女子拓植講習会は大陸の花嫁養成の場となっていなかったのである。この理由は、府県が経営する女子拓植訓練所―常設女子道場―の数が少ないことと、そもそも女子拓植訓練所が「大陸の花嫁養成専門の常設訓練所」でなかったことによる。

## 女子拓植訓練所の実態

女子拓植訓練所は、施設を活用して学課（満州開拓関係法規・満州国経済事情・開拓地文化解説・原住諸民族風俗など）と農業関係・生活関係（満州自然文化・裁縫・手芸・料理・衛生・育児など）の訓練を通して、「不屈の開拓魂」を涵養することを目的とした訓練所である。

しかし、『女子拓植指導者提要』によると、一九四二年三月の時点で、府県が経営主体である女子拓植訓練所は全国で八カ所に過ぎなかった。しかも、設置形態において県単独の施設は長野県立桔梗ケ原女子拓務訓練所だけで、残り七カ所の女子拓植訓練所は、農学校（茨城県東茨城郡笠間町、静岡県小笠郡六郷村、大分県大野郡大野町）・農民道場（島根県安濃村佐比売村）・青年学校（栃木県河内郡横川村、愛媛県喜多郡五城村）・高等女学校（山形県最上郡新庄町）に併置されたものであった。また、収容人数は、長期訓練生が最大二〇人、短期訓練（講習）生が一五人から五〇人と小規模で、職員に関しては、専任職員すら配置されないことも多く、主事・嘱託・技師・技手・助手など数名であった。訓練期間は、長期生一カ年、短期生一カ月と想定されていたが、長期生は六カ月から一年、短期講習は三日・七日・一〇日・一カ月とさまざまであった。

総じて女子拓植訓練所は、訓練所数・設置形態・収容人数・訓練期間・訓練内容・職員数など、多くの問題点を抱えていたのである。

## 桔梗ケ原女子拓務訓練所の訓練生

女子拓植訓練所が「大陸の花嫁養成専門の常設訓練所」でなかったことは、次に示す長野県立桔梗ケ原女子拓務訓練所規程から裏付けられる。

第一条　本所ハ興亜ノ聖業ニ率先尽力セントスルモノニ対シ精神的陶冶ヲ行ヒ、徳性ヲ涵養シ、且ツ須要ナル知識技能ノ修練ヲ施スヲ以テ目的トス

第九条　本所ニ入所シ得ルモノハ身体強健、志操堅実ナル十七歳以上ノ女子ニシテ、左

ノ各号ノ一ニ該当スルコトヲ要ス

一、満蒙開拓青少年義勇軍ノ配偶者タラントスル者

一、海外ニ雄飛セントスル者

一、新時代建設ノ推進力タラントスル者

「満蒙開拓青少年義勇軍ノ配偶者タラントスル者」以外の者も入所できたのである。事実、河田太茂蔵所長も、訓練所を訪問した『新満州』記者に対して、「必ずしも全部が全部満蒙開拓者の妻になれと申す様なことは云ひきかせては居りません。又農耕一点張りの主義でも女子の訓練は出来ません。女子は女子らしい訓練をしなければならんと思ひます」と語っている（『新満州』第四巻第一一号、一九四〇年一一月）。

所長の言葉を物語るように、九月二一日に入所し、翌一九四一年三月に卒業した第一期長期訓練生一二人の場合、渡満したのは八人に過ぎず、しかも拓士の配偶者となったのは六人で、残り二人は軍属と軍需工場勤務であった。

このうち、岐阜県恵那郡静波村（現恵那市、一七歳）・福岡県門司市（現北九州市、二五歳）・東筑摩郡洗馬村（現塩尻市、一八歳）の三人は、卒業と同時に西筑摩郡読書《よみかき》村

（現南木曽《なぎそ》町）開拓団員と合同結婚式を挙げて渡満し、正真正銘の大陸の花嫁となった。この三人は、開設年の一九四〇年一〇月一八日、短期研修生とともに河田所長に引率されて、三江省樺川県公心集にある公心集読書村開拓団で一カ月勤労奉仕訓練を行っていた。勤労奉仕訓練による現地開拓団の視察が、合同結婚式に結びついたのである。

残りの三人は、勤労奉仕隊・日本語教師などで渡満し、満州で開拓団員と結婚した女性である。

桔梗ケ原女子拓務訓練所における女子拓植講習は、翌年以降も行われた。しかし、「必ずしも全部が全部満蒙開拓者の妻になれ」という訓練方針ではなかった。『長野県桔梗ケ原女子拓務訓練所要覧』（一九四四年）における「本所の特徴」には、次の文章が記されている。

花嫁の斡旋その進出の方面等之を大局より云へば、大陸の開拓建設に従事する男子青年に伴はしむるにありと雖も、又境遇上内地家郷にとゞまりて熱烈なる興亜建設運動に挺身するところの者も又本所の目的にかなふ者とす（『長野県桔梗ケ原女子拓務訓練所要覧』）。

桔梗ケ原女子拓務訓練所は、開拓民配偶者に加え、内地で「興亜建設運動に挺身する」女性を含む「花嫁養成施設」であった。義勇軍配偶者となる確固たる信念を涵養する訓練所ではなかったのである。

## 女子義勇軍

一方、満州では、開拓民配偶者を志望する内地日本人女性を、開拓団施設を活用して訓練し、当該開拓団や一般開拓団の配偶者として養成する花嫁養成所（女子拓植訓練所）が開設された。一九三九（康徳六）年、東安省密山県北五道崗《きたごどうこう》開拓団と北安省鉄驪県安拝開拓団の、ともに山形県から入植した二カ所に試験的に開設された女子拓植訓練所である。

北五道崗開拓団に開設された女子拓植訓練所は、一九三八年に入植した第六次北五道崗山形郷開拓団長の熊谷伊三郎が発案した女子義勇軍訓練所である。

熊谷は、開拓民が配偶者を探すために帰郷し数カ月を過ごすことは「経済的にも労力的にも影響が大きい」「精神的に訓練されて居ない婦人が、そのまゝ団員の妻となることは、折角《せっかく》団員の協同心を破壊し、建設に支障を来すことが多い」と考えた。そこで、大陸の花嫁を志望する女性に対し、開拓団に開設した女子拓植訓練所において「大陸の花嫁としてふさはしい栄養、育児、その他の作業」や「精神的鍛練」を三カ月実施し、訓練を終えた女性に対し結婚の斡旋をすることを思い立った（『新満州』第三巻第五号、一九三九年五月）。

一九三九年三月二八日、入所する第一陣の女子八人が新潟港から渡満した。このうち五人を送出した山形県東村山郡豊田村（現中山町）では、村中央の大黒板に「満州移民の概況」を毎日掲載した。伐採、植樹、開墾など、時局に即した教育を受けた小学校児童は、「在郷義勇軍」と呼ばれた（『新満州』第三巻第七号、七月）。

渡満した八人は渡満後、現地で入所した三人とともに、四カ月の訓練を受けたのち、八月六日、合同結婚式を挙げた。新郎新婦の氏名は、「北満に結ぶ八組の新家庭　女子義勇軍が大陸の花嫁に…」として『新満州』第三巻第九号（九月）で紹介された。

こうして女子義勇軍の渡満は全国的に有名となるが、男子義勇軍のような制度化はなされなかった。満州移住協会は、「満蒙開拓女子義勇軍になりたい」という質問に対し、「山形村開拓団にて、将来その団員の花嫁さんになる方々」を「満蒙開拓女子義勇軍と申して居ります」と述べつつ、「満蒙開拓女子義勇軍は一般に認められたものにはなつて居りません」「将来男子の場合のように満蒙開拓女子義勇軍といふ制度が出来るとは思ひますが、現在は具体化して居りません」と回答している（『新満州』第三巻第八号、八月）。

## 開拓塾

一方、北安省鉄驪県安拝開拓団に付設された女子拓植訓練所は、山形県で花嫁学校を経営していた熊井竹千代が第七次安拝宮城開拓団に設立した開拓塾である。

宮城・秋田・岩手各県の一七歳から二五歳までの結婚適齢期の女性から選ばれた一八人は、一九三九年六月中旬に内地を出発、途中新京・哈爾浜を視察して現地に到着した。入塾した「国策花嫁候補」は、熊井の指導のもと、「皇道精神、開拓精神の体得」に励み、「教育、家畜、家事、牧畜の副業等開拓地の花嫁として必要」な事項や活花や、お茶などの「大和撫子《やまとなでしこ》の優しさ」、「寂寥な家庭に薫《か》ぐはしいゆとり」を修得した（『新満州』第四巻第八号、一九四〇年八月）。一九四〇年の入塾者は二三人を数え、うち一八人は一一月三日に合同結婚式を挙行し（図31）、残りの五人も翌年三月までに結婚した（『女子拓植指導者提要』）。

女子義勇軍訓練所や開拓塾といった私的な女子拓植訓練所は、やがて日満両国による公的な開拓花嫁養成機関となり、開拓女塾（大陸の花嫁女塾）と呼ばれた。

図31　鉄驪神社における合同結婚式（『写真週報』第148号、1940年12月18日）

**開拓女塾**

一九四〇（康徳七）年八月、東安省は北五道崗山形郷開拓団のなかに「満州開拓女子義勇軍訓練所」―開拓女塾―を正式に設置し、山形県から四〇人を募集した。

入所資格は満一八歳から二三歳までの身体強健・志操堅固な未婚女子で、「将来拓士の妻となり得る」者であった。入所後は学科と実習を中心に、共同生活を送りながら開拓精神を涵養した。

学科は修身・公民・家事・裁縫・教練・体操・家庭医学・満州語とその他の普通科、実習は養畜・農産加工とホームスパン・編物・郷土芸術などであった。

本科は六カ月で、最初の二週間は山形県立国民高等学校で訓練を受けた。本科を卒業した者は、「直ちに結婚の準備」にはいり、山形郷開拓団と東安省が「未婚の拓士」に斡旋した（『新満州』第四巻第八号、一九四〇年八月）。

開拓女塾は、一九四一年から開拓団が経営主体となって各地で開設された。「開拓女塾生渡満斡旋要領」によると、応募資格は内地に居住し「開拓民の配偶者を志望」する一七歳から二五歳までの日本人独身女性で、学歴は小学校高等科卒業程度、健康状態は農業に従事できる意志強固で、身体が強健な者であった。訓練内容は「皇民修練・生活訓練・協和訓練・農事・家事・情操陶冶《とうや》」、訓練期間は四月から一〇月までの六カ月であった。仕度料・渡航費などの旅費を拓務省が、専任職員設置費・事務費・塾生食費・雑費など現地での経費は満州国政府が負担したため、塾生の負担は小遣い程度であった（『女子拓植指導者提要』）。

この年、新たに開設された開拓女塾は五カ所である。定員は三〇人から五〇人で、入塾資格者は「開拓者として入植すべきもの」「開拓民子女」「女子興亜教育生」に拡大された。訓練内容は女子開拓民として必要な営農と家事で、訓練期間は一年に延長された。新設五カ所の一つが一九三九年二月一一日に牡丹江省木蘭県に入植した諏訪郡富士見村（現富士

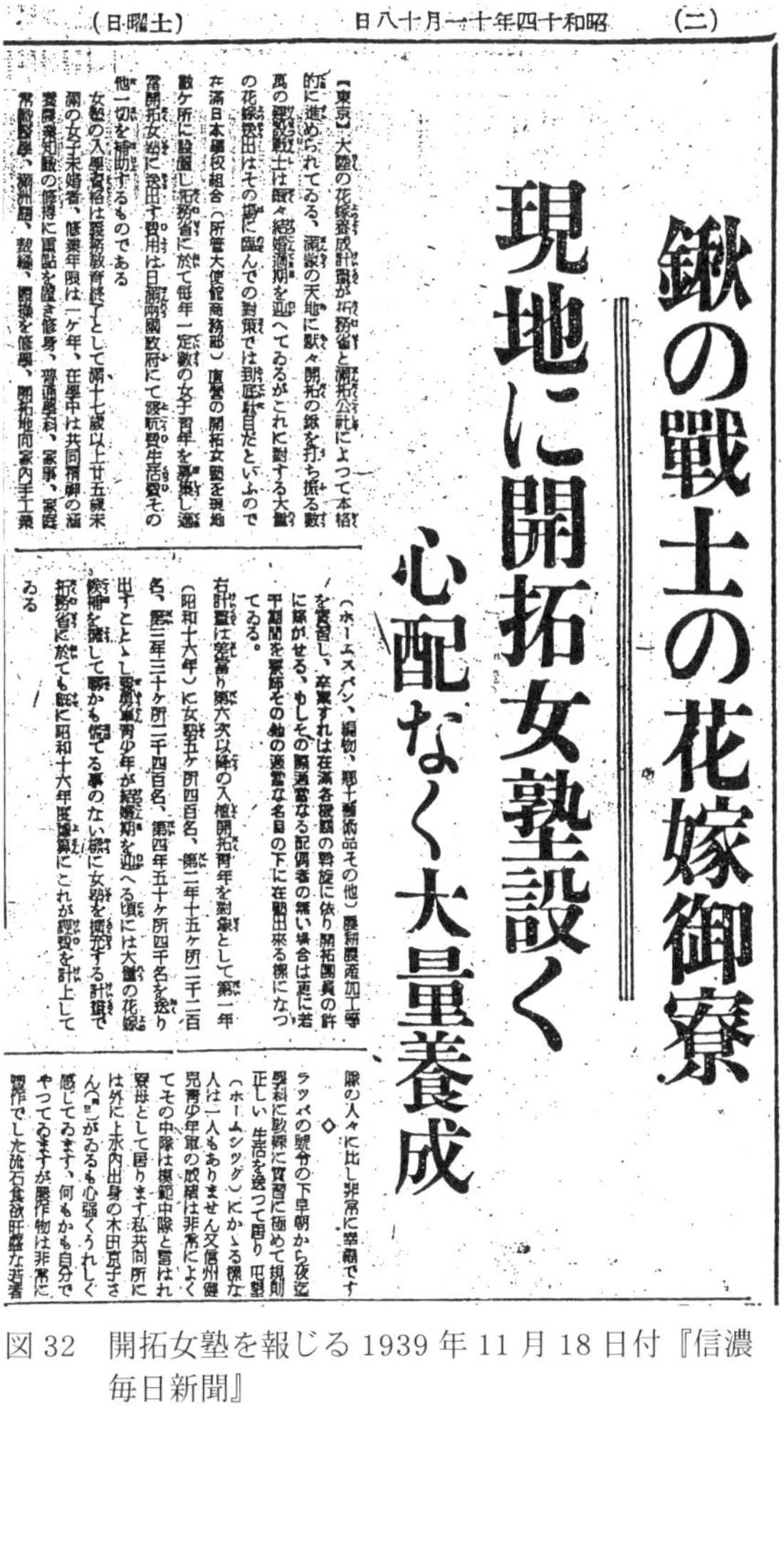

(二)　昭和十四年十一月十八日　(土曜日)

# 鍬の戰士の花嫁御寮
## 現地に開拓女塾設く
## 心配なく大量養成

【東京】大陸の花嫁養成計畫が拓務省と滿拓公社によつて本格的に進められてゐる、滿蒙の天地に黙々開拓の鍬を打ち振る數萬の鍬の戰士は既々結婚適期を迎へてゐるがこれに對する大量の花嫁送出はその現地に臨んでの對策では到底駄目だといふので在滿日本學校組合（所管大使館商務部）直營の開拓女塾を現地數ケ所に設置し拓務省に於て毎年一定數の女子青年を募集し這等開拓女塾に送出す費用は日滿兩國政府にて渡航費生活費その他一切を補助するものである

女塾の入學資格は義務教育終了として滿十七歳以上廿五歳未滿の女子未婚者、修業年限は一ケ年、在學中は共同精神の涵養農業知識の修得に重點を置き修身、普通學科、家事、家政常識教學、滿洲語、裁縫、體操を修學、開拓地向家内手工業（ホームスパン、編物、那手藝術品その他）農耕農産加工等を實習し、卒業すれば在滿各機關の斡旋に依り開拓團員の許に嫁がせる、もしその際適當なる配偶者の無い場合は更に若干期間を寮師その他の適當な名目の下に在勤出來る様になつてゐる。

右計畫は差當り第六次以降の入植開拓青年を對象として第一年（昭和十六年）に女塾五ケ所四百名、第二年十五ケ所一千二百名、第三年三十ケ所二千四百名、第四年五十ケ所四千名を送り出すこととし現地開拓青少年が結婚適期を迎へる頃には大量の花嫁候補を擁して聊かも慌てる事のない様に女塾を擴充する計畫で拓務省に於ても既に昭和十六年度豫算にこれが經費を計上してゐる

隊の人々に比し非常に幸福です

◇

ラッパの號令の下早朝から夜迄學科に教練に實習に極めて規則正しい生活を送つて居り屯墾病（ホームシック）にかゝる様な人は一人もありません又信州健兒青少年軍の成績は非常によくてその中隊は模範中隊と言はれ寮母として居ります私共同所には外に上水内出身の木田京子さんがゐるも心強くうれしく感じてゐます、何もかも自分でやつてゐますが農作物は非常に豐作でした流石食欲旺盛な若者

図 32　開拓女塾を報じる 1939 年 11 月 18 日付『信濃毎日新聞』

見町）による第八次富士見分村王家屯《ワンジャウトン》開拓団が開設した王家屯開拓女塾である。

「義勇女子青年隊修錬道場」

開拓女塾に関して注目したいことは、先に紹介した原為二の「現地訓練所便り」のなかの記述である。

大陸の花嫁は、嘗《かつ》て或開拓団にあつたと聞いた様な「開拓団は女の天国だ」なんと云ふ甘い夢は微塵も持つて来て呉れては困る。むしろ男性以上に、自分達こそ大陸に新しき国生み・国育てをする大使命を果す責任ある者だとの高邁な自覚をさせてから結婚させてほしい（中略）。それには、二十歳位まで現地の生活体験を二ケ年程させて、その間に現地の衣食住になれさせ、特に蔬菜栽培・炊事・家畜飼育三位一体の生活指導を受けた上で一度内地へかへり、内地で二、三年暮し、その間に、結婚後たとへ老人達がついてゐなくても、家事万端困ることなく又日本婦人として大陸の先住女性に恥づかしからぬやうに仕上げをして、而も其の間、飽く迄義勇開拓団員の終生の伴侶として心身をば捧げようとの初志のくぢけないものを、正式に結婚渡満させてほしい（中略）。右の如き趣旨に添ふ義勇女子青年隊修錬道場を長野県あたりは、天下に率先して大陸に創建しては如何（『信濃教育』第六六二号、一九四一年一二月）。

原が提言した長野県立「義勇女子青年隊修錬道場」は、開設されなかった。だが、開拓女塾は、全国で、一九四二年に八カ所（入塾者三三〇人）、一九四三年に一二カ所（入塾者四二五人）を数えるまでになった。

## 「新良妻賢母」教育

### 満州開拓女子拓植事業対策要綱

一九四二（昭和一七）年三月、拓務省は満州開拓女子拓植事業対策要綱を策定した。これは、女子拓植講習会が開拓民配偶者の養成に直結しないことをふまえ、開拓民配偶者の求婚者数に対し、開拓民配偶者の送出数の過不足をきたさず、かつ開拓民配偶者にふさわしい資質優秀な女性を養成する「開拓民配偶者送出の即応態勢」を確立するためである。一般婦人や未婚女子に対して「女子拓植思想を啓培」し、「女子拓植機構を整備拡充」することを目的としたものであった。

そして、具体的な事業として、①国民学校・青年学校の女性教員や「地方在住の有力なる婦人」を女子拓植講習会の指導や「開拓民配偶者の斡旋媒介」をする「女子拓植指導員」として養成する女子拓植指導者養成、②未婚女子に開拓民配偶者として必要な事項を修得させ、また母親の啓蒙を図ることを目的とした女子拓植講習会の実施、③開拓民配偶者養成の母体となる「東亜建設女子同志会」の結成、④女子拓植訓練所の設置奨励、⑤開拓民の配偶者の斡旋・媒介を促進する「満州開拓民配偶者斡旋協議会」の設置奨励の五つを挙げた。

こうして、義勇軍配偶者の養成に国民学校・青年学校の女性教員が本格的に関与するようになる。

## 女教員会の興亜教育運動

拓務省が国民学校・青年学校の女性教員に期待した理由は、女性教員の会である女教員会が興亜教育運動を実践していたことによる。帝国教育会・関東連合教育会・各府県教育会や全国高等小学校校長会の興亜教育運動は、男性会員が主体となって、義勇軍の募集・勧誘・送出を目的に実践された。これに対し、女教員会の興亜教育運動の特徴は、義勇軍の母の啓蒙と義勇軍配偶者の養成を重視して行われたことである。

一九三九年五月一三日から仙台市で開催された第一九回全国小学校連合女教員大会では、「東亜建設ノ大使命ヲ負フ第二国民ノ母トシテノ覚悟」「家庭生活ヲ国策ニ即セシムルタメ女教員トシテコレヲ如何ニ指導スベキカ」などの議案が決議された（『教育女性』第一五巻第六号、一九三九年六月）。

全国小学校連合女教員会は、一九二四年五月に創立された全国小学校女教員会に始まる。全国小学校女教員会は、女性教員に関する問題を女教員自身で研究討議することを目的として、帝国教育会の主導で一九一七（大正六）年一〇月に開催された全国小学校女教員会議を受けて発足したもので、一九二五年に全国小学校連合女教員会と改称された。全国の各市郡区単位の小学校女性教員や女性教員の団体によって構成され、会長には帝国教育会長、幹事には各支部の幹部が就き、機関誌（一九二五年一〇月に『小学校女教員』として創刊、一九二七年一月から『かゞやき』、一九二八年一〇月から『教育女性』）を毎月発行していた。全国小学校女教員会議は、第三回（一九二二年）以降、全国小学校（連合）女教員大会と改称され、一九四〇年まで通算二〇回行われた。

東京市高等小学校在職女性教員は、翌一九四〇年二月、六月に東京市で開催される第二〇回大会を前に、東京市高等小学校女教員興亜教育研究会を組織した。東京市三五区の高等小学校は一三〇余校を数え、在職する女性教員は六〇〇人に及んでいた。義勇軍送出が「母の反対によつて幾人ものあたら志をくぢく」状況をふまえ、「噂にのみよりて真を知る事少ない一般女性の向上と母の教育こそは、現下我国の教育上最大の急務である」と指摘。「吾々女教員は今や安閑としてゐられない。いさゝかでもあるとすれば、内職的職業意識から脱して、真に此の非常時の教育に対して真剣に飛び込まねばならぬ」と、東京市高等小学校校長会の援助を受け組織したのである（『教育女性』第一六巻第四号、一九四〇年四月）。四月一八日から日本国民高等学校女子部において二泊三日の日程で行われた拓植訓練には、四五人の女性教員が参加した。訓練中には東京府出身の義勇軍九六人と面接した。

六月に開催された皇紀二千六百年記念《ママ》第二〇回全国小学校連合女教員大会では、緊急動議として提出された「満州青少年義勇軍視察団組織の件」と「少女義勇軍養成所設置の件」が満場一致で可決されたのち、「新東亜建設の女児教育を如何にすべきか」という第一号議案に対し、新東亜建設の意義の理解、新東亜夫人としての徳性・知性の涵養、新良妻賢母の養成、体位の向上が答申された。

注目したいことは、「新良妻賢母」の養成において、「家庭中心の良妻賢母より、国家乃至東亜を基底とする良妻賢母たらしむ」「愛子の航空志願や大陸進出を妨げる如き態度に出でず、寧ろ進んで之に趨《おもむ》かしむる母性たること」が強調され、「指導者の態度」として「家庭生活と教育報国の任にある女教師自らが古き殻を脱した新良妻賢母主義の実践者として女児の教育陶冶に当らねばならぬ」とされていることである。女性教員は、「東亜を基底」とする「新良妻賢母主義の実践者」と規定されたのである。

大会では、三日目に第一七回全国小学校連合女教員会総会が開かれ、四日には一七〇人が参加して宮城前勤労奉仕が行われ、五日目に一八人が内原訓練所を見学し閉会となった(『教育女性』第一六巻第六号、一九四〇年六月)。

**全国女教員興亜教育研究大会**

第二一回大会は、一九四一年五月、「日清戦役の際、畏《かしこ》くも明治天皇大本営を進展あらせられました聖地」「東亜建設大陸発展の基地」(開会の辞)である広島市で開催された。全国国民学校連合女教員会と満州移住協会・帝国教育会・広島県教育会の共同で開催され、大会名も「全国女教員興亜教育研究大会」とされた。

大会では、女教員は「八紘一宇《はっこういちう》の宏謨《こうぼ》に則り大東亜建設の聖業を翼賛し奉り、教育奉公の臣節を全うし以て興亜教育の振興に邁進せんことを期す」という宣言と「日本女性の責務を自覚し婦道の修練に力《つと》め躬行垂範《きゅうこうすいはん》以て女教員の本分を発揮せんことを期す」などの決意が「満場一致」で可決されたのち、「大陸進出のため義勇軍並に之が内助者選出について」という建議題が提出され、次の三つが決議された。

一、満州に対する認識を深め、興亜教育の徹底を期せんか為には全国女性の奮起と理解を保たさるべからず、而して之等女性と最も密接なる関係を有し、之が指導的立場にある女教員を満州視察に派遣せしめられ度し

二、満州開拓の戦士として身を満州建国の聖業に捧けつゝ有る義勇軍の実情を視察するのみならず進んで彼等と労苦を共にするは我等女教員の最も念願する所なり、依つて毎年適当なる時季に女教員を中心とする勤労奉仕隊を結成し現地に派遣せしめられ度し

三、満州開拓青少年義勇軍をして誓つて大御心《おおみごころ》に副ひ奉らしめんか為には、最も良き伴侶たるべき女性の進出を見さるべからず、然るに現状は未だ満足すべき状態にあらず、依つて之等拓士の妻となるべき女性に対し速に花嫁学校を設立され度し

(『教育女性』第一七巻第六号、一九四一年六月)。

興亜教育の指導的な立場にある女性教員の満州への視察・派遣、女性教員を中心とした勤労奉仕隊の派遣、花嫁学校の設立の三点が決議されたのである。

## 満州建設勤労奉仕隊

二つ目の決議となった勤労奉仕隊とは、満州建設勤労奉仕隊のことである。これは興亜青年報国隊の名称で、文部省が主体となって一九三九年六月から、甲種（一般青年隊）・乙種（学生生徒隊）あわせ約八七〇〇人を満州に派遣したことに始まる。青少年・学生の大陸視察を単なる見学旅行とせず、集団的な機能教育を現地で施して満州建国の真義を理解させ、開拓民招致の機縁を与えることが目的であった。

翌一九四〇年度には、精神訓練だけでなく、満州開拓政策の促進や食糧・飼料の増産に奉仕することを目的に、文部・拓務・農林の三省が主体となって、満州建設勤労奉仕隊が組織され、特設農場班・開拓国境建設班・学生特技班・女子青年班・教学奉仕班・師範班・朝鮮班・満州現地班・応援作業班が新たに編成された。

一九四一年の興亜教育研究大会で、女性教員を中心とする勤労奉仕隊の派遣が決議された理由は、前年の一九四〇年に満州建設勤労奉仕隊女子青年班（女子青年隊）と女子応援作業班、および全国小学校連合女教員会満鮮視察団を、拓務省が派遣したことによる。

各府県の女子青年団幹部から二人ずつ選出された一〇〇人の女子青年隊は、内原訓練所と日本国民高等学校女子部での訓練をへて渡満し、鉄驪訓練所で五班に編成されたのち、

お父さんやお母さんから大陸の花嫁
になる様、よーく滿洲を見て來いと
云はれました、

図 33　「座談会　制服をモンペに代えて　女学生の開拓勤労奉仕」のさし絵（『新満州』第 4 巻第 10 号、1940 年 10 月）

各訓練所や開拓団に配属された。その活動は目を見張るものがあり、「ともすれば男子奉仕隊ですら困苦を感ぜしむべき不完全な施設を不慣なる給養と而も女性に取つては過度とも見らるべき作業とを、其の精神力と規律ある訓練とを以て征服し作業責務を遂行」した。また、「女子青年の帰還後に於ける女性の満州進出に関する啓蒙運動」や「基本的課題たる配偶者対策」に対する寄与など「その収穫は誠に重大なるものがあつた」と報告された（『満州開拓年鑑　康徳八年・昭和十六年版』）。

　これに対し、女子応援作業班は、農村の中堅婦人や女子青年団員などの

「大和撫子《やまとなでしこ》」約一〇〇人を六月に派遣したものである。このうち長野県の女性は二五人で、内訳は女子青年団員九人と埴科郡屋代町村組合立屋代女子実業学校研究科生一六人であった。

屋代女子実業学校は、一九三九年四月に屋代高等女学校を廃止し新設した学校である。入学資格は小学校高等科卒業生で、本科二年・研究科一年の課程をもつ「県下最初の拓植花嫁学校」であった（一九四三年再び屋代高等女学校＝現屋代南高等学校＝に改称される）。

御牧ケ原修練農場の訓練を経て、一九四〇年六月四日に長野を出発した屋代女子実業学校学生隊は、第五次黒台信濃村で一カ月間の勤労奉仕を行ったのち、弥栄・千振《ちぶり》両開拓団の視察や哈爾浜・新京・奉天・大連の見学を経て七月三〇日、神戸に帰港した。前日には、全国の小学校・青年学校の教員六〇〇人からなる満州建設勤労奉仕隊短期隊教学奉仕班―教学奉仕隊―が大連に上陸している。

在学中の女学生が、正科の授業として満州の開拓地で勤労奉仕をしたのは「全国最初の試み」で、「興亜女性の洗練を大陸で受け」屋代駅に到着した一行は、「凱旋兵士の様にいと颯爽と母校へ行進」し帰校式を行った（八月一日付『信濃毎日新聞』）。八月一一日に学校で開かれた座談会で、生徒たちは、「少しでも大陸花嫁を皆んなにお奨めして、女乍らも少しでもこの国策に尽したい」「教養のある若い女性が進んで開拓地の花嫁になる様にならなければ駄目だ」といった感想を述べている（『新満州』第四巻第一〇号、一九四〇年一〇月）。

一方、先述した全国小学校連合女教員会が行った満鮮視察団による帰国後の報告には、義勇軍の訓練生には「一日も早くその半身となる協力者即ち妻となる人が必要」であり、「何れの国何れの植民地にも、男子だけで完成し得る永遠の楽土はない。必ずそこには健全な女子の共に在ることを必要とする」ことが記されている（『教育女性』第一六巻第九号、一九四〇年九月）。

満州建設勤労奉仕隊というと男性教員を中心とした教学奉仕班（教学奉仕隊）への関心が高いが、女子青年団・女性教員・女学校生徒など多くの女性が「勤労奉仕」の名のもとに渡満していたのである。

## 全村女子興亜教育

女教員会の興亜教育運動のなかで注目されるのが、全村女子興亜教育である。興亜教育を学校という狭い範疇に限定せず、農村社会のなかで実践し、町村の婦人に興亜の理念と国策に対する自主的協力体制を確立しようというものだった。義勇軍配偶者となるべき若い女性に対する直接的な勧誘工作、また義勇軍送出に対する母親の反対を抑止することで、義勇軍および義勇軍配偶者の送出を加速化することを目的とした。

全村女子興亜教育には、女子指導者興亜教育と全村女子興亜教育の二つがあった。

女子指導者興亜教育の対象者は、女子実業学校・青年学校・国民学校の女性教員、女子青年団指導者教員、婦人団体幹部である。郡市単位で三泊四日、三〇時間の日程で実施され、①講演（国際情勢と日本の現状、日本婦道、満蒙開拓と青少年義勇軍の使命、開拓地の実情、我が国の農村問題、県下の開拓運動）一四時間、②研究協議（全村女子興亜教育の徹底方法、満蒙開拓青少年義勇軍送出促進方策、義勇軍父兄会・興亜少女隊・興亜女子青年隊・満蒙開拓女子義勇隊・拓士結婚委員会結成促進）六時間、③実習訓練（料理・栄養・医学）一〇時間から構成された。参加人員は六〇人で、そのうち特別指導村から二〇人が参加した。

これに対し、全村女子興亜教育は、国民学校初等科三年生以上の全女子児童を対象に、興亜教育や大陸の花嫁養成・送出に関する講習・訓練・映画会などを行うもので、期間は四日から六日間とされた。興亜少女隊（138頁）よりも低年齢の女子児童を対象とすることで、早い段階から開拓民配偶者に関する認識を涵養しようとしたことがわかる（『女子拓植指導者提要』）。

全村女子興亜教育は、拓務省が一郡一町村の女子興亜教育指定地を設け、指定郡に四〇円、指定町村に五〇〇円の助成金を交付し、大陸花嫁養成講習会・大陸花嫁送出協議会・拓士結婚委員会などを設置し、近隣町村との連携をとりながら推進する計画であった。

一九四一年度に拓務省が設けた五県の女子興亜教育指定地のうち、その一つが長野県諏訪郡と落合村（現富士見町）であった。

諏訪郡と落合村が指定地となった理由を、一〇月一四日付『信濃毎日新聞』は、「県では全郡的に最も開拓熱意の高い諏訪郡を指定郡に、又第十一次分村計画指定村中全村的に最も好条件を揃へた同郡落合村を指定村とすることに決定した」と報じている。

## 義勇軍配偶者問題

では、その後の義勇軍配偶者問題はどのように進展したのか。一九四四年五月に発行された『満州開拓年鑑　康徳十一年・昭和十九年版』において、「配偶者送出」は、以下のように報告されている。

開拓民の定着のために採り上げねばならぬ重要問題の一つに「開拓配偶者」の送出問題がある。現に考へられてゐる大陸の花嫁の要用数は八万と基準されてゐるが、単に妻となり得る女性を機械的に送出するのではなく、開拓花嫁としての資質と訓練を与へて、開拓一家の柱たらしめるべき女性を送出する点に、この問題の実践上の困難さがあり、その声に比して施設件はぬ現状にあるはやむを得ないところである。

従つて之に対処する所謂花嫁学校（或は塾）は現在微々たるものであり、一般に農学校、実践女学校、農民道場に併置されたものが多く、内地十四校、在満十二校と云はれてゐる。

一面、配偶者の大部分がこれらの訓練所を経ることなく、直接に母村において在来の一般縁組と同じ心構へと方法によつて選ばれ、嫁いでゐる有様であり、開拓に対する心構へに、現地生活への認識もなく、開拓への理解の乏しさから、開拓団進展の障碍をなし勝ちな原因は、女子拓植教育の方針によると断ずることが出来る（『満州開拓年鑑　康徳十一年・昭和十九年版』）。

一九四四年の時点でも、「訓練所を経ることなく、直接に母村において在来の一般縁組と同じ心構へと方法」によって嫁ぐ開拓民配偶者が相変わらず多い状況であったことがわかる。これは、従来から指摘されているように、①女子拓植訓練所における義勇軍配偶者養成が不充分であること、②内地の花嫁学校の多くが農学校・農民道場などに併置された訓練所であること、③満州の開拓女塾の開設数が少ないことによるものであった。

やがて「大陸の母」となる義勇軍配偶者の養成・送出には、いまだ多くの課題が残されていたのである。

## 義勇軍配偶者の資質

では、義勇軍配偶者―開拓花嫁―に求められた資質とは、いかなるものであったのか。

陸軍省情報部鈴木庫三は、義勇軍配偶者に必要な資質として、①滅私奉公の精神、②強壮な体力、③「満州国との同化にふさはしい徳と智」、④農業の技術、⑤育児や衛生の知識、⑥家庭生活を豊かにする芸能の六つを挙げた（『家の光』第一六巻第一二号、一九四〇年一二月）。ここで、注目したいことは、育児や衛生の知識に関して、「内地では年寄や親たちが傍にゐて教へてくれるが、大陸の新家庭では年寄も親たちもゐない」と述べ、義勇軍配偶者に「核家族的」な「新たな家庭」を築くことが求められていることである。

一方、拓務省指導課の久保真言は、全国女教員興亜教育研究大会における「興亜教育と女子の使命」と題する講演のなかで、まず、「柔かい女性の力で太陽のやうに暖かく照し恵まなければ家庭の完成も安定も期せられない」と述べたのち、続いて、義勇軍配偶者の資質として、①真に農業を理解し、農を事としてくれる人、②逞ましい体力と巧みな農技を持つてゐる人、③よき家風を持つ家庭を作つてくれる人、④衛生、育児、栄養について充分な知識を持つて居る人、⑤協同の精神を持つ人の五点を指摘した。

そして最後に、次のように述べた。


以上述べたやうな女性を作るには、興亜の思想を絶えず話し聞かせてよき女を作らねばならないが、其の為には全国の女先生のお力に依らなければならない。さういふ女性を作る上に最も大切な事は躾の教育である、それぞれの家庭に於て、主婦の指導の下によき躾をなされ、日本の家庭はかうあらねばならぬといふ事を信念として教へ込まれ、それを満州の家庭へ移さなければならない（『教育女性』第一七巻第七号、一九四一年七月）。

図 34　「大陸に咲く大和撫子」(『家の光』第 16 巻第 10 号、1940 年 10 月)

図34は、『家の光』第一六巻第一〇号（一九四〇年一〇月）に掲載された佐藤惣之助作「曠野の花」の歌詞と挿画である。この挿絵から拓務省が期待する「大陸の花嫁」は、「曠野に愛の柱をたつる」「次ぎにくる時代《み》の母となる」「わがくにたみの力を範《しめ》す」というような「大和撫子」であったことがうかがえる。それは、開拓地では良き働き手であり、義勇軍とともに健全な家庭を築き、やがて誕生する子どもの健康な母という要素を兼ね備えた「働妻健母」であった。女教員会が

目標とした「新良妻賢母」とは、こうした「働妻健母」であったのである。

# 「鍬の戦士」の素顔——エピローグ

## 松島格次の義勇軍日記

二〇一九（令和元）年六月、飯田市歴史研究所から『飯田下伊那の少年たちの満州日記』が刊行された。『満州日記』には、満蒙開拓青少年義勇軍として一九四〇（昭和一五）年に渡満した松島格次（一四歳）と、一九四三年に長野県報国農場勤労奉仕隊応援隊として渡満した江塚栄司（一九歳）の日記が収録された。

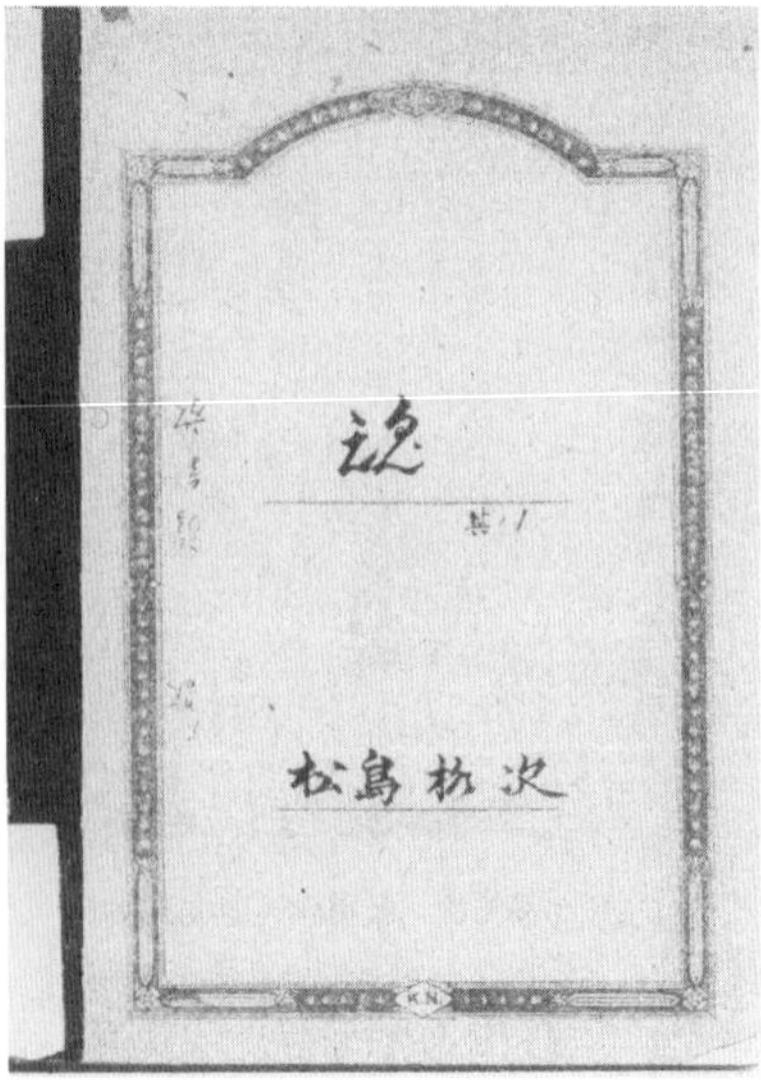

図35　松島格次の義勇軍日記『魂　其ノ1』（個人蔵）

Ａ５サイズのノートの表紙に「魂　其ノ１」と記された松島の日記は、一九四〇年三月、市田村（現高森町）市田小学校高等科を卒業して内原訓練所に入所した三月二六日から、七月六日に渡満し、浜江省珠河県の一面坡特別訓練所で訓練を受けていた一二月一日までの約八カ月の日記である（図35）。

松島は、満州国立開拓指導員訓練所本科入所中の一九四三年、訓練中に頭部を負傷し、義勇隊哈爾浜中央医院に入院加療、翌一九四四年二月一日、帰郷した。日記はその際に持ち帰ったものといわれる。その後、一〇月に指導員訓練所に戻るも、再び入院加療が必要となり、一九四五年四月、再び帰郷し終戦を迎えた。『魂　其ノ2』となる二冊目の日記の存在については不明である（「松島格次義勇軍日記『魂　其ノ二』解題」）。

エピローグでは、松島が義勇軍になった理由、義勇軍に対するいざないと、松島に対するまなざしを確認することで、一人の「鍬の戦士」の素顔を描きたい。

## 義勇軍になる

愈々《いよいよ》義勇軍となる日が来た。学校の卒業を前に、之からの進むべき道に就いて、親、先生からもいろ〳〵話され、又自分でもあれこれ考へたけれど、結局進むべき道は義勇軍…之一つであつた。はつきりしたものを摑み得ないにしろ、自己の損得とか出世とか言ふ様な打算的な気持ちを抜きにして、何かしら一番尊いものに感じられた。満州あたりに行つてもうかるか等と人に言はれたら、不愉快な気持ちさえ感じる様になつてゐたし、そうゆはれると、かへつて、僕は少くも只御国のために義勇軍に行くのだとゆふ気持ちであつた。

日記は三月二六日のこの記述から始まる。家業が農業で、六人兄姉の四男・末っ子である松島が、義勇軍になる（「結局進むべき道は義勇軍」）と決断した直接的な理由は、この記述からはわからない。

松島を義勇軍にいざなう環境は整っていた。義勇軍郡市別送出番付表（13頁）が物語るように、飯田市・下伊那郡は義勇軍送出が最も多い地域であったこと、松島が高等科二年生の時に着任した坂井陸海《むつみ》校長が義勇軍送出に熱心な校長であったこと、下伊那教育部会が下伊那農学校を会場に一月一九日から三泊四日の日程で実施した少年義勇軍拓植講習会を松島が受講したことなどである（「松島格次義勇軍日記『魂　其ノ一』解題」）。

一方、拓植講習会受講受付者一二五人に対し、義勇軍選考合格者が半数以下の五九人であったこと、市田小学校から受講し選考に合格した六人のうち義勇軍になった者が三人であったことなどをふまえると、下伊那教育部会・教員の勧誘があったにせよ、義勇軍になることを決断したのは松島自身であったと思われる。

信濃毎日新聞

# 鍬で"興亞"耕さんと 義勇軍勇躍進發

## 若き六百十八戰士

"祖國のために鍬とりて萬里涯てなき野に起たん"義勇軍進軍歌高らかに縣下本年度第一次青少年義勇軍下伊那郡川路村櫻井一貫君以下六百十八名はなつかしの友や山河と別れ沸くが如き郷土の歡送をうけて二十五日夫々家族や受持先生に付添はれて長野市に集合、午後一時半から城山縣社の祈願祭に臨み二時からは城山小學校グラウンドに盛大な壯行式を擧行、知事代理西岡學務部長から"若き血潮もて新東亞建設の礎石たらん事を希む"の訓示あり來賓代表から祝辭あつて上高井上村長岡文男君義勇軍一同に代つて"吾々は大陸に屍をさらすとも誓つて御期待に副ひ遂げます"と力強い答辭をのべ式終了後城山館に少憩夕食をすませて暮色迫る六時十分長野市石南青年ブラスバンドを先頭に職員指揮官縣拓務主事縣神中尉に引率されて隊伍堂々驛に向けて行進を起し途中沿道市民の歡呼を浴びて長野驛に到着家族や付添人としばしの別れを惜しみ八時十分の特別列車で内原に向け進發した【寫眞は市中行進】

図36　義勇軍壮行会を報じる1940年3月26日付『信濃毎日新聞』

三月二五日、松島を含む一九四〇年度長野県送出第一次義勇軍六一八人（日記では五九四人）は、長野市で行われた祈願祭・壮行会・市中行進をへて、特別列車で内原に向かい、翌二六日に内原訓練所に入所した（図36）。このとき全国から入所した義勇軍は、約七六〇〇人である。最多は長野県、最少は北海道と佐賀県の一〇人で、長野県と広島県（四七一人）

が二個中隊、山形県ほか十数県が一個中隊であった（『新満州』第四巻第五号、一九四〇年五月）。

内原訓練所には準幹部制度があった。義勇軍のなかから優秀な訓練生を選抜し、一年間の訓練をへて、後続部隊の小隊長にあてる制度である。松島の入所時は、八〇〇〇人のなかから四〇〇人が選ばれ、四人の指導員とともに第二歩哨付近の日輪兵舎で生活した。（『新満州』第四巻第九号、一九四〇年九月）。松島はこの准幹部には選ばれず、一五歳組で編成された第五小隊の第二分隊長であった。

### 同郷人のまなざし

松島の訓練生活で注目したいことは、内地や満州などさまざまな場で、松島に対し郷土出身者のまなざしが注がれたことである。

内原訓練所では、四月下旬から五月上旬にかけ、一五〇〇人の訓練生が、青森・秋田・長野・山梨・千葉の各県で勤労奉仕を行った。長野県出身者は、松島が所属する第一大隊第七中隊（小林由作中隊長）を含む六〇〇人が野辺山・千曲川河川敷・諏訪湖・岡谷市で、第八中隊（宮本幸夫中隊長）二三〇人が山梨県南都留郡中野村（現山中湖村）山中湖付近の三〇町歩で、それぞれ勤労奉仕を行った。

五月一三日に内原を出発した第七中隊三〇〇人は、翌日、「八ケ岳の修練農場」に到着し、二二日まで勤労奉仕を行った。

「八ケ岳の修練農場」は、農村更生協会が農村指導者を養成するため、一九三八年四月三日（神武天皇祭の日）に、諏訪郡原村八ケ岳西麓の原野（三〇〇町歩）に開場した八ケ岳修練農場である（農村更生時報『村』一九三八年五月号）。宿舎となった建物は、一九〇五（明治三八）年に長野県諏訪中学校（現諏訪清陵高等学校）生徒であった協会理事・農林省経済更生部長小平権一や中央気象台長藤原咲平らが勤労奉仕で建設した自治寮道志舎を農場に移転したもので、隣接地には御牧ケ原修練農場八ヶ岳分場があった（『拓け満蒙』第二巻第九号、一九三八年九月）。

一八日、第七中隊は上諏訪まで約二〇㎞の行軍を実施し、諏訪町（現諏訪市）高島小学校校庭で父兄の前で分列行進を行い、その夜は上諏訪温泉に分宿した（『長野県満州開拓史　各団編』）。松島はこの時、母と面会している。義勇軍の勤労奉仕先は必ずしも義勇軍の郷土とは限らないから、松島にとって上諏訪への行軍は幸運であった。事実、後日母から「渡満の時は行き会へぬだらうから一生県《ママ》命満州にいつたら達者でやりなさい」という

「別れの便り」を受け取っている（六月二一日）。

また、六月一九日から一週間の日程で、長野県が派遣した拓植訓練教職員八八人のなかに母校教員の林重春がいた。日記に「夕方、林先生のところへ面会に行こうと思つたが、入浴中で駄目だつた」（六月二一日）という記述があるので、林との面会は実現しなかった。だが、林をはじめとする長野県派遣教職員のまなざしは、訓練中の長野中隊に注がれたものと思われる。

さらに、六月二七日、松島は前日来所した「青年義勇隊母国派遣隊」との座談会に「中隊代表」として参加した。長野県出身の先輩義勇隊と面会し、一週間後に迫った渡満や現地訓練所における生活について、アドバイスを受けたであろう。

こうした同郷人のまなざしは、「義勇軍になる」ことの強力なプッシュ要因となった。そして、それは、満州においてより強力な機能を果たした。「異郷に来て同郷ときけばなつかしくも有り、心強い感じがする」からである（九月四日）。

七月一四日、松島が所属し全国で初めて編制された同一県人だけによる郷土部隊である小林・宮本両中隊は、浜江省珠河県一面坡特別訓練所に入所した。一面坡特別訓練所は、一九三九年に新設された収容定員六〇〇〇人の訓練所で、入所直前の六月時点では八八四人の義勇隊訓練生が入所していた。

入所中に松島は、教学奉仕隊、女子視察団、県立桔梗ケ原女子拓務訓練所訓練生の訪問を受けたと日記に記している。波田村満蒙開拓義勇軍父母会現地視察団も一面坡特別訓練所を訪れているはずであるが、その記述はない。おそらく中信（長野県中部）出身者が多い宮本中隊の方を訪問したと思われる。

このとき訪れた教学奉仕隊（六〇〇人）の長野班（三七人）は、大連・奉天・新京を視察後、「各々訓練所に配置され、夫々担当の学科について奉仕」した。八月七日から一七日まで一面坡特別訓練所に滞在した長野班長の小口《おぐち》伊乙《いおと》県視学は帰郷後、「一面坡で今春送つた宮本、小林両部隊六百人の拓士に接したが、来て初めて満州の良さが判つたと非常に張り切つて居た」と述べている（九月六日付『信濃毎日新聞』）。一五日には、座談会が開催されたが、松島は日記に「なんだか先生達にはこちらから余り意見を出さぬので物足りない様な感じであつた。常はよく口をたゝく連中で有つてもこうした時は皆だまつてゐる。県への注文、感想、質問、応答等々」と記している。昼には、下伊那出身の教員が、「之を故郷に持つていって実際のところを見せるのだ」「下伊那高二担当の先生方を集めて現地報告をする」と言って、小隊ごとに記念撮影をしたという。

女子視察団の訪問は一〇月一一日である。このなかに市田村の女性がおり、松島は弁事処で面会した。「父母からのことづけ」も受け、「異郷にて同郷人との邂逅。又なつかしいもので有る」と記している。

一方、勤労奉仕のために渡満した県立桔梗ケ原女子拓務訓練所訓練生二六人が訪問したのは一一月一二日である。「あらくれ小僧ばかりの界［世界］に紅一点と言ふところ。皆、異様な目と感情を以てながめた」と書かれている。

こうした現地訓練所における郷土人との接触は、「家からくる便り」とともに、訓練生活を続けるための原動力となった。

## 訓練所での生活

青年と言ふ雑誌を見てゐて、なんだかむしように中学講義録をとつて勉強し度く無《な》つた。学校を出てそれつきりでは頭はだんぐ〵低下してしまふ。百姓は学問なんて、と云ふ人があるが、それは大いに間違つてゐると思ふ。精農になる程勉強しなければいけないのだ。百姓なればこそ余計学問が必要なのだ。活きた学問が。

これは、一面坡特別訓練所入所直後の七月二六日の記述である。「青年と言ふ雑誌」とは、満州開拓青年義勇隊訓練本部が発行している雑誌『開拓青年』である。「むしように」「勉強し度く無《な》つた」という一節から、学問に飢えている松島の姿がうかがえる。これは向学心が強い松島特有の悩みではなかった。訓練所の生活は教練や農業指導が中心で、学科や情操に関する教育はほとんどなされなかった。「満語」「語学」を初めて学んだのは、渡満二カ月後の九月五日という。教学奉仕隊の長野班と一緒に一面坡特別訓練所を訪問した茨城班教員は、帰郷後開かれた「義勇軍を語る座談会」で、次のように述べている。

十日間の奉仕をして物足りなく感じた事は、内地の青年学校の様に、教授訓練が一年中を通じて、計画的に組織立てられて居ないと云ふ点で、現に子供達から聞いても入植以来、未だ学科は殆ど無い、と云つた所もあるのです（中略）。中隊長や先生達の話を聞くと晴耕雨読の方針だと［の］事ですが、雨の日は大ていは休養日にしてしまつて居る。子供達に聞くと新京では義勇軍の為めに十三種の教科書が出来た、と云つて見せられたけれ共、訓練所に来て見ると、それが一冊も無い。子供達は図書も無くて僅か［に］寄贈された本部の図書で向学心を慰めて居ると云ふ状況の様でした

(『新満州』第四巻第一一号、一九四〇年一一月)。

一方で、日ごろの厳しい訓練が、勉学を妨げたことも事実であった。八月九日・一〇日の午前中に行われた、下伊那教育部会から派遣された上飯田小学校藤綱宗義による「世界歴史」の講義を松島は、「学課!教室を思ひ出される」と期待感をもって受講したが、二日目は「いやに又眠気がさして困つた。終頃になると同様みんな我慢が出来なくなつてか、いねむりをはじめたり、ぼそ〲話しをはじめた」(八月一〇日)と記している。藤綱の講義内容がつまらなかったわけではない。事実、下伊那教育部会が翌年に実施した拓務訓練における藤綱(この年から売木国民学校長)の「現地視察団」は講習受講者に感銘を与え、藤綱の「講話に感化され、義勇軍行きの決意を新たにする少年たちがいた」からである(「満蒙開拓青少年義勇軍はどのように送り出されたのか」)。厳しい訓練による睡魔に負けたのである。

しかし、松島の向学心は衰えることはなかった。「今朝、待ちに待つた講義録が届いた。嬉しい。之から勉強するぞ…。百姓に勉強なんてと連中は言ふが、それは大きな誤解だ」

（九月二四日）。こうした姿勢が、哈爾浜嚮導訓練所の入所につながる。

### 哈爾浜嚮導訓練所に入所

松島は、渡満した翌年、中隊から選ばれて哈爾浜嚮導訓練所に入所した。哈爾浜嚮導訓練所は、義勇隊訓練生の中から資質優秀なものを毎年三〇〇人選抜し、開拓諸部門の指導者となる特別訓練を二年間行う訓練所である。松島は二期生であった。

松島は、哈爾浜嚮導訓練所に象徴されるキャリア・アップの道を志望して義勇軍を志願したわけではない。それゆえ、哈爾浜嚮導訓練所に入所できたのは、内原訓練所時代の「中隊本部勤務」から発揮された高い「事務」能力、「一生県《ママ》命やる」真面目な性格、教練・農事作業に対する真摯な訓練態度、向学心などが、一面坡特別訓練所所長や幹部の目に留まり、推薦されたためと考えられる。

こうした姿は、義勇軍志望当初からキャリア・アップを志願し、「全然農業に身を入れないで、毎日々々ぶら〴〵してゐる」（『開拓』第五巻第七号、一九四一年七月）一部の義勇隊訓練生とは対照的であった。

## 大陸の母・大陸の花嫁

ところで松島が一面坡特別訓練所に入所した時、訓練所に配属された寮母は三人であった。しかし、松島の日記のなかで寮母に関する記述は、秋季皇霊祭（九月二三日）の日、全軍九カ中隊で行われた行軍の際に体調不良により「落伍」し、「寮母先生達と建設事務所で休」むという一カ所のみである。松島の中隊が入所した訓練所は訓練所本部に近い新建築の訓練所であったからか、寮母は他の二つの大隊が入所した訓練所に配属されたものと思われる。

日記における女性に関する記述は、女子視察団と県立桔梗ケ原女子拓務訓練所訓練生の他には、電話局の交換手をしている訓練生の従妹の下宿を訪問した一〇月六日、一一月一七日の二カ所のみである。「はじめてと言ってよい程久振りに娑婆《しゃば》の空気をすふ。女世帯の空気の中にゐるのも一寸照れくさい」（一〇月六日）、「異郷の地にあつて、若い女性ばかりの世帯生活。自分達の眼には不思議な別世界にうつる。はじめは接近しがたく、その空気に浸透し得なかつたが、御馳走になり、レコードを聞いてゐる中に気持ちはほぐれ、面白くさよならして来る」（一一月一七日）といった記述から、「母性的女性的愛情」を欲していた姿がうかがえる。

その後、松島は、哈爾浜嚮導訓練所卒業後の一九四三年四月、満州国立開拓指導員訓練所本科生となる。だが、関東軍の指揮下で匪賊を防ぐための柵を建設中に外傷を受け、松島の義勇隊生活には終止符が打たれた（「松島格次義勇軍日記『魂　其ノ二』改題」）。

一方、松島が所属した小林中隊は、松島が本科生となる直前の三月二五日、三江省蘿北《らほく》県鳳翔村鳳鳴に入植し第三次鳳鳴義勇隊開拓団となる。しかし、開拓団員を待ち受けていたのは、徴兵年齢引き下げによる離団と関東軍入隊であった。通常ならば、義勇隊開拓団への移行後に見られるはずの大陸の花嫁の姿は、ついにそこにはなかったのである（『長野県満州開拓史　各団編』）。

# あとがき

私が満蒙開拓青少年義勇軍という言葉を知ったのは、伊那市伊那部の伊那公園招魂社境内に建つ、鍬を手に空を仰ぐ少年の像を、伊那北高等学校在学中に眼にした時である。一九六一（昭和三六）年に建立され「少年の塔」と命名された像の下には、「太平洋戦争中いくたの若い生命が満蒙開拓青少年義勇軍としてまた学徒動員として祖国の平和を願いながら消えていった　その若くして散った霊をなぐさめるためにこの塔を建て永遠の平和を祈念するものである」という碑文が彫られていた。だが、その時の印象は満蒙開拓青少年義勇軍と太平洋戦争が直接結びつかず、鍬を手にした少年が望郷の念にかられ、その瞳を祖国日本に向けていたことを知ったのは後のことである。

私の研究テーマは一九三〇年代に文部省・師範学校で提唱され、教育会や小学校をはじめとする教育界で実践された郷土教育運動である。長野県の郷土教育運動を研究する過程で、郷土に根差した教育が信濃教育会や郡市教育部会で行われ、郷土誌編纂事業や郷土読本・郷土学習帳の作成が精力的に行われる一方で、満州という「外地」の郷土に青少年を送ることが信濃教育会をあげて推進され、長野県が全国で最も多くの青少年義勇軍を送出したことに興味を抱くようになった。

その後、臼田町誌編纂事業で多くの義勇軍史料に触れ、勤務校である筑波大学の近くに残る満蒙開拓青少年義勇軍の内原訓練所関係施設に何度も足を運ぶなか、青少年義勇軍をはじめとする満州移民の送出に郷土教育運動が影響を与えているのではないかと思うようになった。疲弊した郷土を直視し、郷土教育により郷土の政治的・経済的実態を認識した時、その解決・救済策としての「満州への人的移動」という回路が生じたのではないか。信濃教育会が教員赤化事件以降に右傾化し、国策に順応したと捉えるのは一面的ではないかという想いが強くなったのである。

本書は、こうした原体験と想いをもとに、信濃史学会総会記念講演「満州移民と長野県」（二〇二〇年七月）や長野県立歴史館令和三年度夏季企画展講演「青少年義勇軍になる―「鍬の戦士」の素顔」（二〇二一年八月）において自らに課した宿題をまとめた「物語」である。

本書の執筆にあたり飯田市歴史研究所齊藤俊江氏・原英章氏・本島和人氏、佐久市教育委員会生島修平氏、長野県立歴史館大森昭智氏から様々なご指導を賜った。また、出版に際しては、前著『満州分村の神話　大日向村は、こう描かれた』に続き、信濃毎日新聞社メディア局出版部菊池正則氏にお世話になった。心よりお礼を申し上げます。

二〇二一年一一月

伊藤　純郎

# 主要参考史料・文献

## 史料

伊藤肇『興亜の先駆』（郁文社、一九三九年）
長野県学務部『昭和十四年十二月　青少年義勇軍に就て』（一九四〇年）
満州移住協会『満蒙開拓青少年義勇軍に関する調査』（一九四〇年）
満州国通信社出版部『満州開拓年鑑　康徳七年版（昭和十五年）』（一九四〇年）
満鉄東京支社調査室『昭和十五年四月十日　事変下開拓民募集方策ノ検討』（一九四〇年）
清水久直『満蒙開拓青少年義勇軍概要』（明治図書、一九四一年）
全国連合国民学校高等科校長会編『拓士教本』（興亜教育協会刊行・藤井書店発行、一九四一年）
拓務省拓北局青年課『昭和十六年度第一次入所　青少年義勇軍身上調書一覧表　昭和十六年四月二日現在』（一九四一年）
満州国通信社『満州開拓年鑑　康徳八年・昭和十六年版』（一九四一年）
拓務省拓北局青年課『昭和十七年度　青少年義勇軍身上調査一覧表　昭和十七年四月二十三日現在』（一九四二年）
拓務省拓北局輔導課『昭和十七年三月　女子拓植指導者提要』（拓務省拓北局、一九四二年）
満州移住協会『自昭和十五年度至昭和十七年度　満蒙開拓青少年義勇軍身上調査統計』（東洋社、一九四二年）
満州国通信社『満州開拓年鑑　康徳九年・昭和十七年版』（一九四二年）
三浦悦郎『満蒙開拓青少年義勇軍の現地訓練と将来』（満州移住協会、一九四二年）

喜多一雄『満州開拓論』（明文堂、一九四四年）
満州国通信社編・発行『満州開拓年鑑　康徳十一年・昭和十九年版』（一九四四年）

**文献**

合田一道『夕陽と青春―満蒙開拓青少年義勇軍の記録』（恒友出版、一九七九年）
相庭和彦・大森直樹・陳錦・中島純・宮田幸枝・渡邊洋子『満洲「大陸の花嫁」はどう作られたか』（明石書店、一九九六年）
阿見町編『続・阿見と予科練―そして人々のものがたり』（阿見町、二〇一〇年）
伊藤純郎「太平洋戦争下の興亜教育再考」（『信濃』第五八巻第八号、二〇〇六年八月）
伊藤純郎「満蒙開拓青少年義勇軍と信濃教育会覚書き」（『信濃』第六五巻第一一号、二〇一三年一一月）
伊藤純郎『満州分村の神話　大日向村は、こう描かれた』（信濃毎日新聞社、二〇一八年）
伊藤純郎「満州移民と長野県」（『信濃』第七二巻第一一号、二〇二〇年一一月）
内原訓練所史跡保存会事務局編『満州開拓と青少年義勇軍―創設と訓練―』（内原訓練所史跡保存会、一九九八年）
内原町史編さん委員会編『内原町史　通史編』（内原町、一九九六年）
加藤聖文『満蒙開拓団―虚妄の「日満一体」』（岩波書店、二〇一七年）
小林信介『人びとはなぜ満州へ渡ったのか―長野県の社会運動と移民』（世界思想社、二〇一五年）
呼蘭編集委員会編『満州開拓青年義勇隊久保田中隊顛末記〝呼蘭〟』（鉄驪会、一九六七年）
櫻本富雄『満蒙開拓青少年義勇軍』（青木書店、一九八七年）
白取道博『満蒙開拓青少年義勇軍史研究』（北海道大学出版会、二〇〇八年）

陳野守正『満州に送られた女たち―大陸の花嫁』（梨の木舎、一九九二年）
鈴木幸弘「満蒙開拓青少年義勇軍と学校教育―長野県波田小学校を事例として」（『信濃』第五四巻第一一号、二〇〇二年一一月）
長野県開拓自興会満州開拓史刊行会編集・発行『長野県満州開拓史　総編』／『各団編』／『名簿編』（一九八四年）
長野県歴史教育者協議会編『満蒙開拓青少年義勇軍と信濃教育会』（大月書店、二〇〇〇年）
原英章「時代の波に翻弄された青年教師　原為二の生涯―「二・四事件」から青少年義勇軍中隊長へ」（『伊那』第六四巻第一〇号、二〇一六年一月）
原英章「松島格次　義勇軍日記『魂　其ノ一』解題」（飯田市歴史研究所編・発行『飯田下伊那の少年たちの満州日記』二〇一九年）
満州開拓史刊行会編集発行『満州開拓史』（一九六六年）
本島和人「満州開拓青年義勇隊教学奉仕隊と教員たち（上）（下）―宮下功「満州紀行」を通しての検討―」（『信濃』第六九巻第一一号・第七〇巻第二号、二〇一七年一一月・二〇一八年二月）
本島和人「「全国一」の青少年義勇軍を送出した飯田・下伊那―教員の動きと地域の特性」（義勇軍シンポジウム実行委員会編・発行『第九回義勇軍シンポジウム記録集』二〇一九年）
本島和人「満蒙開拓青少年義勇軍はどのように送り出されたのか―昭和一六年下伊那教育会の動きと拓務訓練感想文から」（『信濃』第七三巻第五〇号、二〇二一年五月）
本島和人『満洲移民・青少年義勇軍の研究―長野県下の国策遂行』（吉川弘文館、二〇二一年）

**伊藤　純郎**（いとう・じゅんろう）

1957年上伊那郡高遠町（現伊那市高遠町）生まれ。筑波大学人文社会系教授・比較文化学類長。博士（文学）。専門は日本近代史・歴史教育学。『郷土教育運動の研究』（思文閣出版、1998年。増補版、2008年）、『柳田国男と信州地方史－「白足袋史学」と「わらじ史学」』（刀水書房、2004年）、『長野県近代民衆史の諸問題』（共著、龍鳳書房、2008年）、『歴史学から歴史教育へ』（NSK出版、2011年）、『満州分村の神話　大日向村は、こう描かれた」（信濃毎日新聞社、2018年）、『特攻隊の〈故郷〉霞ヶ浦・筑波山・北浦・鹿島灘』（吉川弘文館、2019年）、『長野県近現代史論集』（共著、龍鳳書房、2020年）など著書多数。『長野県民の戦後六〇年史』・『臼田町誌』執筆者、『佐久の先人』監修者。

Shinmai Sensho

信毎選書　31

# 満蒙開拓 青少年義勇軍物語

「鍬の戦士」の素顔

2021年11月30日　初版発行

著　　者　伊藤　純郎
発 行 所　信濃毎日新聞社
〒380-8546　長野市南県町657
電話 026-236-3377　ファクス 026-236-3096
https://shinmai-books.com
印 刷 所　大日本法令印刷株式会社


ISBN978-4-7840-7390-0 C0321

定価はカバーに表示してあります。
乱丁・落丁本は送料弊社負担でお取り替えいたします。